신기한 통신의 세계

대한과학진흥회 엮음

스완미디어
SWAN MEDIA

책 머리에

오늘날 우리들은 고도로 발달된 과학 문명의 혜택 속에 살고 있습니다.

우리의 선진 조국 창조를 위해 무엇보다 중요한 것이 과학 기술의 개발입니다. 특히 자원이 부족한 우리나라에서 가꾸어야 할 유일한 자원은 과학 기술로 무장한 풍부한 인력 자원입니다.

대한 과학 진흥회에서는 배우는 학생들을 위해 사물을 깊이 관찰하는 습관과 합리적이고 창의적인 과학적 사고를 심어 주기 위한 방법의 하나로 과학 문고를 엮어 내고 있습니다.

과학 문고를 펴냄에 있어서 딱딱한 과학지식을 그림을 곁들여 쉽고 재미있게 이야기로 풀어 써서 학생들이 스스로 원리를 발견하고 재미를 느끼게 함으로써 과학의 여러 분야에 대하여 흥미를 갖고 접근할 수 있도록 하였습니다.

이 책과 더불어 많은 학생들이 과학에 깊은 관심을 갖고 탐구심과 창의력을 기르며 과학을 생활화 할 줄 아는 사람이 되는데 많은 도움이 되었으면 하고 바라는 마음 간절합니다.

기획편찬 **대한과학진흥회**

차례

소리란 무엇일까

이 세상에는 공기나 물처럼 당연하게 지나치지만 매우 중요한 것 가운데 소리가 있다.

어머니가 우리를 아침잠에서 깨우는 소리, 친구들이 부르는 소리, 종소리, 자동차 소리, 천둥 소리, 모기 소리. 또 모기 소리보다 더 작아서 우리들의 귀로는 들을 수도 없는 소리까지 우리들의 주위는 소리로 가득 차 있다.

소리는 시끄러운 소리와, 듣기 좋은 아름다운 소리로 나눌 수 있다.

듣기 싫은 소리는 우리에게 불쾌감과 함께 짜증을 내게 한다. 아름다운 소리는 우리에게 즐거운 느낌과 평안한 감정을 갖게 한다.

젖소나 닭도 아름다운 음악을 들려주면 우유와 달걀을 많이 생산할 수 있다고 한다. 식물인 과일 나무도 음악을 들려주면 과일을 많이 맺는다는 이야기는 이미 과학적으로 밝혀진 사실이다.

그런데 얼마 전에는 무생물인 포도주, 빵, 치즈 등에도 모짜르트의 음악을 들려주었을 때, 맛이 좋아지고, 향이 은은해지며, 색깔이 고와졌다는 실험 결과가 발표되었다.

그러면 이렇게 눈에 보이지도 않으면서 동물, 식물은 물론 무생물까지 영향을 받게 되는 소리란 무엇일까?

과학자들은, 소리란, 물체의 진동에 의해서 나타나는 에너지라고 설명한다. 자, 우리도 소리가 어떻게 생기는지, 어떻게 듣게 되는지 소리의 세계를 직접 알아보도록 하자.

과학자들이 말하는 진동 에너지는, 어떤 물체가 움직이거나, 부딪치거나 끌어당길 때 생긴다. 그러므로 진동은 물체가 공기 중에서 이리저리 움직일 때 생긴다고 할 수 있다.

늘어나는 고무줄을 당기면 고무줄이 움직일 때 생기는 소리를 들을 수 있다.

고무줄은 아주 작은 진동을 하지만 이 움직임은 우리의 눈으로 알아볼 수 있다.

또한 식탁의 모서리에 젓가락을 부딪치면 젓가락 끝이 진동하는 것을 볼 수 있고, 동시에 진동으로 생기는 소리도 들을 수 있다.

진동을 눈으로 확실하게 확인하는 방법이 있다.

이 실험은 책상의 모서리에 30센티미터 플라스틱 자를 올려놓는 것이다. 이 때 20센티미터 정도는 책상 밖으로 나오도록 하고, 10센티미터 정도는 한 손으로 고정시켜서 누른다. 그리고 다른 한 손으로는 책상 밖으로 나온 자를 아래로 구부렸다가 놓으면 자는 위 아래로 빠르게 흔들리며 진동한다. 이 때는 당연히 소리도 나는데 "윙윙"하는 소리를 낸다.

소리의 정체는 진동이다. 진동하는 물체는 소리를 만든다.

진동에 따라 각각의 고유한 소리가 있다.

우리가 각 동물의 소리, 사람의 말소리, 높은 소리 낮은 소리를 구별할 수 있는 것도 이러한 진동에 의해서 가능한 것이다.

소리의 배달부

우리가 물체를 귀에 가까이 대지 않고도 소리를 들을 수 있는 까닭은 무엇일까?

그것은 공기가, 진동하는 물체와 우리 귀 사이에서 진동으로 생긴 소리를 전달해 주기 때문이다. 즉 공기는 소리의 배달부 역할을 한다.

소리의 배달부는 매질이라고도 부른다. 그러나 공기만

이 소리를 전달할 수 있는 유일한 매질은 아니다.

눈에 보이지 않는 다른 가스들도 매질의 역할을 한다. 그리고 고체나 액체는 공기보다 더 훌륭한 소리의 배달부 역할을 한다. 우리는 그것을 쉽게 실험할 수 있다.

두꺼운 나무판 바로 아래에 탁상시계를 놓고, 나무 판 위에서 귀를 기울여 보면, 책상 아래쪽에서 "째깍"거리는 소리를 분명하게 들을 수 있다.

다음은 손에 두 개의 작은 돌을 가지고 머리를 물 속에 넣는다. 그리고 돌을 물위에서 서로 부딪친다.

부딪치는 소리가 물 속에서 얼마나 크게 들리는지 여러분은 깜짝 놀랄 것이다.

그런데 소리는 정말로 고체나 액체, 기체 등의 배달부가 필요한 것일까? 또한 진공 속에서는 소리를 들을 수 없는 것일까?

이러한 물음은 약 300년 전의 화학자의 실험에서 그 대답을 찾을 수가 있다.

아일랜드의 물리학자 로버트 보일(1627~1691)은 유리병 실험으로 진공 속에서는 소리가 퍼지지 않는다는 것을 증명하였다.

보일은 작은 종을 병 속에 넣은 다음 펌프질을 하여 공

기를 빼낸 뒤 병을 이리저리 흔들어서 종을 울리게 했다.

그러나 병을 아무리 흔들어 대도 종소리는 들을 수가 없었다.

보일이 다시 병 속에 공기를 넣고 실험을 하자 그때서야 종소리를 들을 수 있었다. 이 실험으로써 진공 속에서는 소리가 울려 퍼지지 않으며, 소리가 울릴 때에는 공기 같은 소리의 배달부가 필요하다는 것이 알려지게 되었다.

그런데 소리는 어떻게 전달되는 걸까?

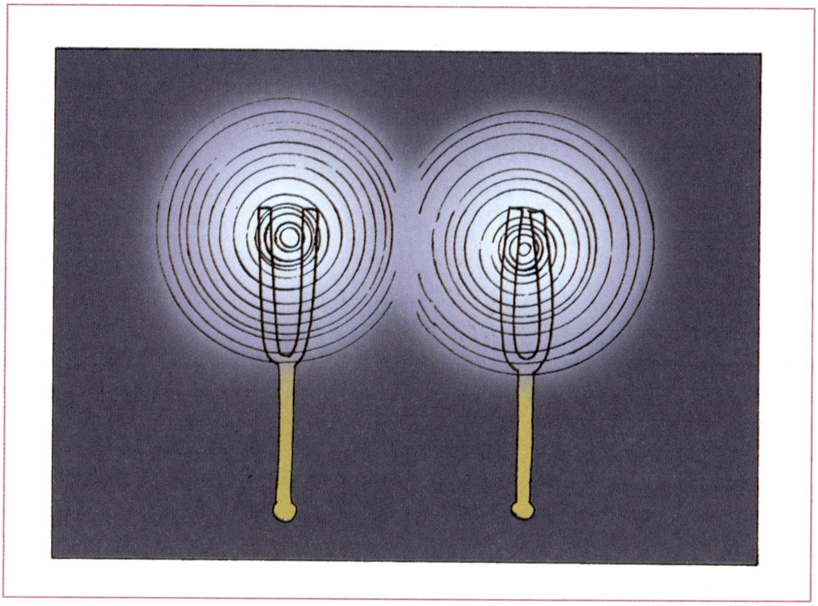

소리는 매질에 의해서 물결 모양을 이루며 멀리까지 전달된다. 일반적으로 가장 많은 소리의 전도체가 되는 것은 공기이다. 공기를 예로 들어 설명해 보도록 하자.

진동할 때 두 방향으로 움직이는 소리굽쇠를 쳐보자.

음파는 위의 그림과 같이 생긴다.

소리굽쇠의 한쪽 끝을 밖으로 움직이면, 그것이 공기를 압축시켜 압축면을 만든다.

소리굽쇠의 끝부분이 이쪽 저쪽으로 움직일 때마다 두 소리굽쇠 양쪽에 공기가 압축되는 공간과, 공기가 희박해진(공기가 아주 조금밖에 없는) 공간에 번갈아가며 규칙적으로 부딪쳐서 음파를 만든다.

소리굽쇠의 중간 부분에서 바깥 부분을 향해 부딪치면서 나아가는 공기층은 모든 부분을 압축 상태로 만든다. 그리고 계속적으로 공기의 파문을 만든다. 그리고 그 중간 부분은 완전한 진공 상태는 아니지만 공기가 희박한 상태가 된다.

소리는 얼마나 빨리 달릴까?

소리는 그 속도가 얼마나 빠를까?

공기 중에서 소리의 속도를 측정할 수 있는 간단한 방법이 있다. 그 방법은 다음과 같다.

캄캄한 밤에, 조용한 곳에 자동차를 세워 놓고, 소리의 속도를 측정할 사람이 정확하게 1킬로미터 떨어진 곳(자동차를 잘 볼 수 있는 곳)에서 초시를 가지고 서 있는다.

그리고 운전자는 자동차의 헤드라이트를 켜는 동시에 경적을 울린다.

그러면 측정자는 헤드라이트가 켜지는 순간부터 자동차의 경적이 울리는 시간을 측정한다. 그 시간은 약 3초가 걸릴 것이다. 그러므로 소리의 속도는 1초에 30미터가 된다.

과학자들은 소리의 속도를 더 정확하게 측정한다.

소리의 속도를 비교적 정확하게 측정한 최초의 사람은 영국의 윌리엄 더햄(1657~1735)이다.

더햄은 높은 탑 위에 올라가서 정확하게 18킬로미터 떨어진 곳에서 대포를 쏘도록 하고, 대포의 화염이 번쩍이는 순간부터 소리를 듣는 순간까지의 시간을 측정했다.

더햄은 바람의 방향에 따라 여러 번 실험을 하였는데, 그 결과 소리의 평균 속도는 1초에 343미터였다고 한다.

그 후 다른 과학자들은 소리의 속도가 언제나 똑같은 빠르기가 아니라는 것을 밝혀냈다.

온도가 섭씨 0도일 때 소리의 속도는 1초에 331미터이고, 섭씨 20도일 때는 1초에 약 343미터였다.

또한 소리의 속도는 공기와 같은 기체 상태보다는 액체와 고체일 때는 더 빠르다는 것도 밝혀냈다.

물 속에서는 섭씨 15도일 때 초속 1,460미터이고, 섭씨 20도일 때는 1,480미터였다. 그리고 수은은 1,450미터, 나일론은 약 2,600미터, 구리 3,900미터, 나무

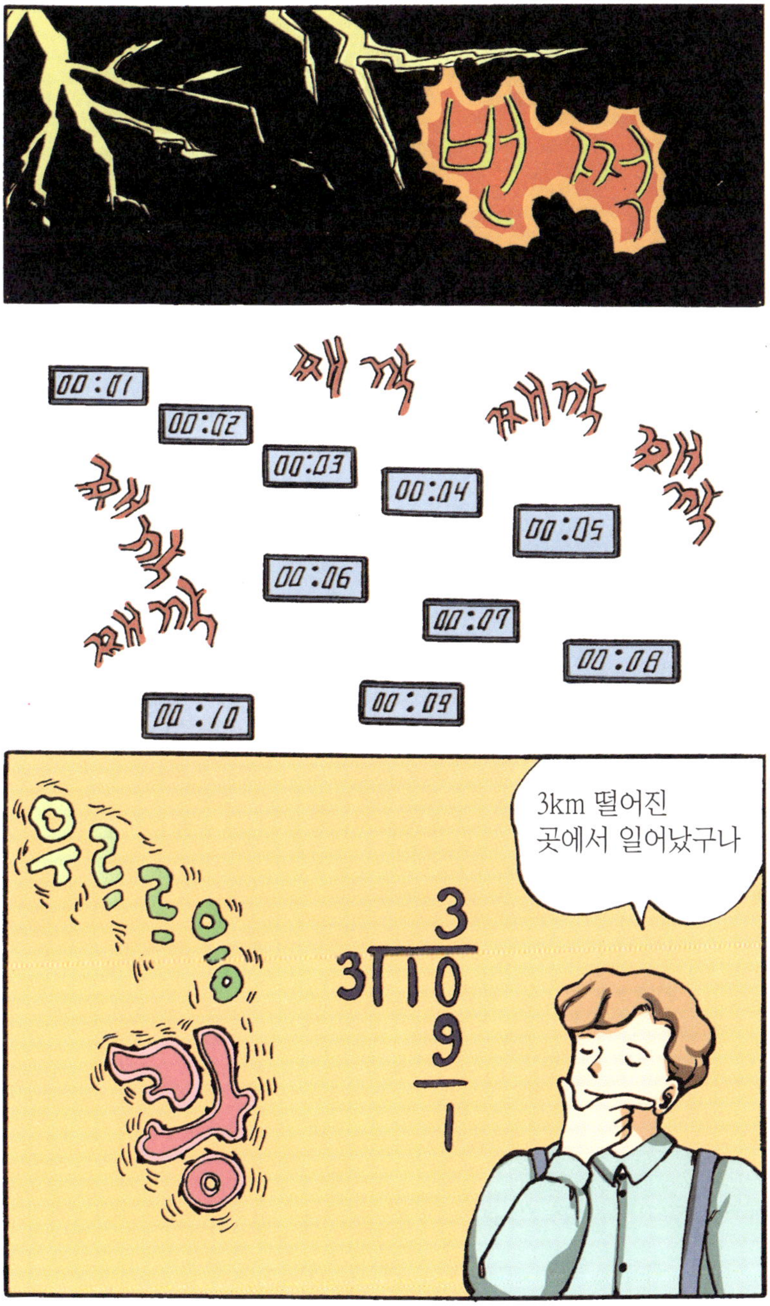
번쩍
째깍
00:01
00:02
00:03
째깍
째깍
00:04
00:05
째깍
째깍
00:06
00:07
00:08
00:09
00:10
우르릉
쾅
3km 떨어진
곳에서 일어났구나
3
3)10
9
1

5,500미터, 쇠는 약 5,800미터의 속도를 갖는다.

우리는 이러한 소리의 속도로 번개가 얼마나 멀리서 번쩍이는지를 알 수도 있다.

그것은 번개가 번쩍일 때부터 최초의 천둥소리가 울릴 때까지 걸리는 시간을 계산해서 3으로 나누면 몇 킬로미터나 떨어져 있는지 대충 알 수 있다. 그러므로 최초의 번개가 번쩍이고 난 후부터 천둥소리가 들릴 때까지 10초가 지났다면 번개는 3킬로미터 이상 멀리 떨어진 곳에서 발생했다는 것을 알 수 있다.

소리의 반사

기차를 타고 여행하는 것은 아주 신이 나고 즐겁다. 멀리 창 밖으로 보이는 경치는 무척 멋지고, 기차가 덜컹거리는 소리는 노랫소리처럼 들리기까지 한다.

그런데 갑자기 터널 속에라도 들어가면 노랫소리 같던 기차 소리는 무척이나 큰 소리로, 귀를 "쿵쾅"거리며 울린다.

이러한 소리는 기차가 터널을 다 지날 때까지 계속 되다가, 터널 밖으로 나왔을 때야 비로소 작은 소리로 "덜

컹"거린다.

이렇게 기차가 터널 속에 들어가기만 하면 요란한 소리를 내는 이유는 어디에 있을까?

그것은 기차의 소리가 터널의 벽이나 천장에서 반사되어 우리 귀에 들리기 때문이다. 그러므로 들판을 달리던 때보다 더 큰 소리로 들리는 것이다.

이와 같이 소리가 물체에 부딪쳐 되돌아오는 것을 '소리의 반사'라고 한다.

운동장에서 조회라도 하는 날이면 교장 선생님의 말씀이 끝부분에서 맴맴 메아리쳐지는 것도 사실은 건물의 벽에 소리가 반사되기 때문이다.

소리의 반사는 메아리라고도 한다. 메아리에 대해서는 뒷부분에서 자세히 설명하기로 하고, 소리가 반사되는 것을 직접 알아보자.

책상 위에 책을 세워 놓고, 도화지로 긴 굴뚝을 두 개 만들어서 그림처럼 붙이고 한쪽에는 탁상 시계를 두고 또 다른 한쪽 굴뚝에는 귀를 갖다 대자.

시계의 "째깍"거리는 소리는 통을 따라 전달되다가 책에 반사되어서 다른 쪽 통으로 전달된다. 우리는 이 소리를 확실하게 들을 수 있다.

그러나 소리에는 흡수라는 것도 있다. 소리는 금속처럼 딱딱한 것에서는 더 잘 반사되고 전달되기도 하지만 천과 같은 헝겊들은 소리를 흡수해 버린다. 우리가 흔히 '방음' 이라고 말하는 것은 소리가 밖으로 새어 나가지 않도록 흡수되는 것을 말한다. 그러므로 방음이 잘 된 집은 소리의 흡수가 잘된 집이라는 뜻이다.

그렇다면 소리는 언제나 딱딱한 것으로부터 반사되고, 기체 같은 것에서는 반사시키지 않고 흡수해 버리는 것은 아닐까?

이상한 일이지만 소리는 구름에서도 반사된다. 뿐만 아니라 완전히 투명한 공기도 어떤 때는 소리를 반사하는 경우가 있다.

공기로부터 소리가 반사된다는 사실을 맨 처음 밝힌 사람은 영국의 물리학자 틴달에 의해서이다.

틴달이 바닷가에서 소리에 대한 실험을 할 때 발견한 공기의 소리 반사는 다음과 같은 기록을 남기고 있다.

"완전히 투명한 공기에서 반사된 소리를 들었다. 그야말로 요술처럼, 보이지 않는 소리의 구름으로부터 소리가 들려 왔다.

소리의 구름은 항상 공기 중에 떠다니고 있다. 이들은 보통의 구름이나 안개와는 전혀 관계가 없다.

가장 투명한 대기도 충분히 소리 구름으로 변화된다. 그리하여 공기에 의해 반사된 소리를 들을 수 있다.

보통 우리들의 생각과는 달리 공기에 의한 소리반사는 하늘이 아주 맑게 개었을 때에도 일어날 수 있다. 그것은 온도가 다른 공기의 흐름, 혹은 습기가 많은 다른 공기의 흐름에 의하여 나타날 수 있다."

소리의 3요소

소리에는 높은 소리와 낮은 소리, 강한 소리와 약한 소리가 있고 또 그 물체에서만 내는 소리의 느낌, 즉 각자의 음색을 갖는다. 이것을 소리의 3요소라고 한다.

음의 높이는 물체가 1초 동안에 내는 진동수에 따라 달라진다. 1초 동안의 진동수를 소리의 주파수라 한다.

주파수(진동)가 높을수록 높은 소리가 나고 주파수가 낮을수록 낮은 소리가 난다. 또 진동하는 폭이 크면 큰 소리가 나고 진동하는 폭이 작으면 작은 소리가 난다.

물체가 진동하면, 공기에는 진동이 많이 배는 곳과 진동이 성기게 조금 배는 곳이 생겨나 차차 둘레로 퍼져 나가게 된다. 공기가 많이 배인 곳은 산이라 하고 성기게 배인 곳은 골이라고 한다. 소리는 이러한 결모양으로 나타낼 수 있다.

실험을 통해서 음의 높낮이와 주파수(진동)와의 관계를 알아보자.

두꺼운 노트의 표지 같은 것으로 중심이 같은 두 개의 원을 그린다. 한 개의 원은 지름이 15센티미터, 다른 원은 8센티미터 되게 그린다. 그리고 밖에 있는 선을 따라

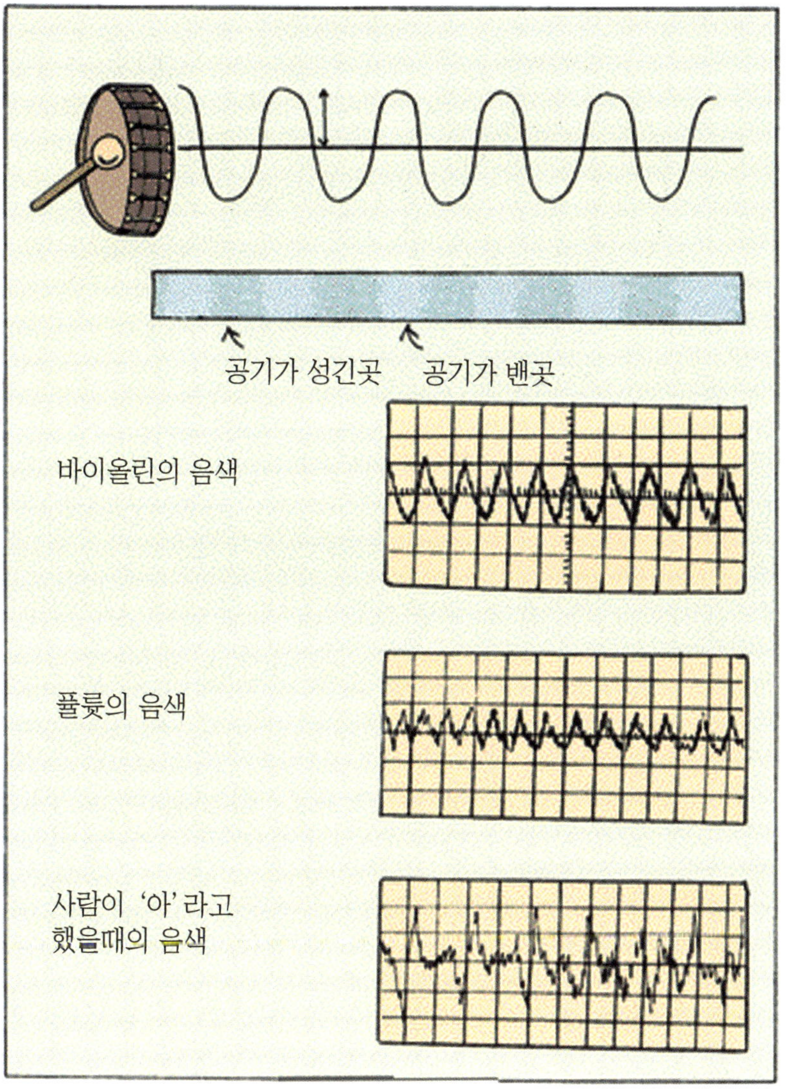

가위로 잘라낸다. 그 다음에는 안에 있는 원의 바깥에 있는 톱니 모양의 원을 잘라낸다.

그리고 잘 깎여진 연필로 종이의 중심에 연필이 반 절

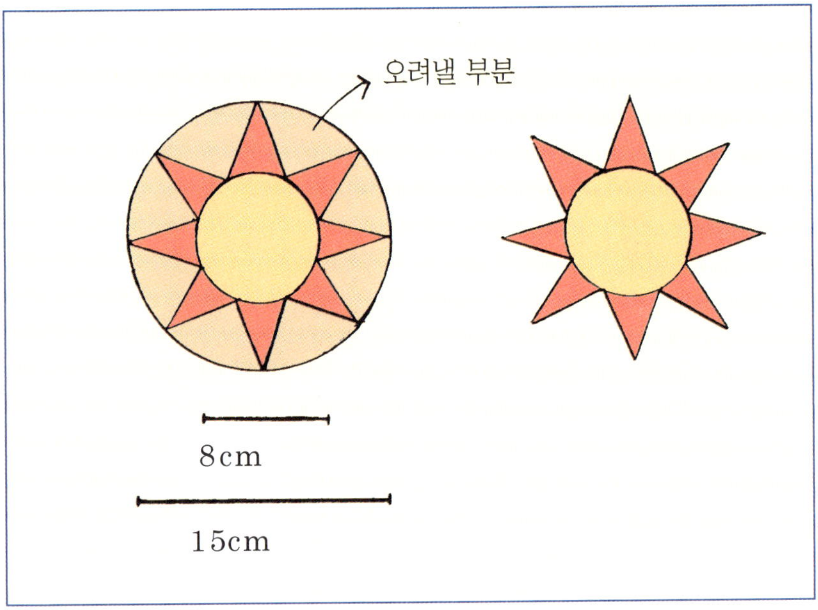

정도 들어가도록 한다. 이것을 양쪽 연필이 균형이 잡히도록 조절한 뒤 친구에게 연필의 양끝을 잡도록 한다.

준비가 끝나면 톱니모양의 바람개비가 잘 돌아가는지 손으로 돌려본다. 그리고는 두꺼운 빨대를 입에 물고 바람개비가 도는 반대쪽으로 불어보자.

그러면 바람개비에서는 낮은 소리가 울릴 것이다.

이 때 바람개비를 빨리 돌리면 소리는 높은 음으로 들리게 된다.

바람개비가 빨리 돌면 소리는 왜 높아지는 것일까?

빨대로 불어넣은 공기는 아무 것에도 방해받지 않고 계속 흐를 수 있다. 다음 순간 종이의 뾰족한 부분은 빨대에서 나오는 공기에 의해 약간 돌아간다. 그 후 곧바로 공기의 흐름이 바람개비의 뾰족한 끝을 따라가고 계속해서 바람개비는 돌아가게 된다. 이것으로 인해 공기는 바람개비 뒤에서 빠르게 서로 이어지는 규칙적인 충격을 받게 된다.

우리는 이 바람개비로 주파수(진동)와 음높이 사이의 관계를 알 수 있다.

바람개비는 빠르게 돌리면 돌릴수록, 바람개비 뒤의 공기가 더 많은 충격을 받으면 받을수록 음은 더 높아진다.

그러므로 바람개비가 빨리 돌면 공기는 더 빨리 많이 진동하므로 음이 높아지고 바람개비가 천천히 돌면 음은 낮아지는 것이다.

소리와 귀

우리의 몸에는 소리를 느끼는 청각기관이 있다. 우리는 소리를 귀로 듣는다는 사실을 잘 알고 있다. 그렇지만 귀가 어떻게 해서 소리를 듣게 되는지는 잘 모른다.

뒤쪽에서나 옆쪽에서 소리가 들려도 귀는 용케도 그 소리를 듣고 알아낸다.

귀는 과연 소리를 어떻게 듣는지, 그 기관은 어떻게 생겼는지 알아보자.

우리의 청각 기관은 겉귀, 가운뎃귀, 속귀로 이루어져 있다.

겉귀는 머리의 밖에 있는 연골 조직인 귓바퀴와 외이도로 구성되어 있다.

귓바퀴는 소리를 모아서 외이도와 둥근 모양의 고막에

음파를 계속해서 보내는 역할을 한다.

외이도의 안쪽에는 아주 복잡하고 예민한 가운데귀가 있다. 그리고 고막의 안쪽 면은 아주 미세한 뼈인 망치뼈에 닿아 있다.

이 망치뼈는 또 다른 작은 뼈인 모루뼈와 연결되어 있다. 그리고 이 망치뼈는 다시 제 3의 작은 뼈인 등자뼈에 연결되어 있다.

이 3개의 뼈는 가운데귀 구멍의 대부분을 차지한다.

가운데귀의 아랫부분에는 목구멍으로 이어지는 유스타키오관이 있다. 이 관에 의해서 고막의 양쪽 면의 기압이 조정된다. 우리가 딸꾹질을 하거나 하품을 하면 이 관이 열린다.

가운데귀 안에 있는 속귀는 달팽이처럼 생긴 관이 등자뼈에 연결되어 있는데, 이것을 달팽이관이라고 한다.

달팽이관 위에는 세반고리관이 있다. 세반고리관은 몸의 균형을 느끼는 데 쓰인다.

달팽이관과 세반고리관은 액체로 채워져 있다.

청신경은 달팽이관에서 뇌로 연결된다. 외이도의 예민한 부분들은 두꺼운 두개골에 의해서 보호되어 있다.

그러면 소리는 어떠한 과정을 거쳐서 듣게 될까?

음파가 고막에 부딪쳐서 진동하면 이 진동에 의해서 망치뼈가 움직인다. 그러면 그 진동이 모루뼈를 때리고, 그것은 다시 진동을 등자뼈에 전달한다.

이 3개의 중요한 뼈들은 고막의 진동 강도를 20배 이상이나 강화시킨다. 등자뼈는 액체로 이루어져 있어서 이 진동을 속귀에 전달한다. 여기서 진동은 코르티 기관을 자극하는데, 이 기관은 신경 자극을 중심 조직에 계속 전달하는 기관이다. 귀가 소리를 듣는 과정을 좀 더 간단하게 설명하면 다음과 같다.

〈귀의 구조〉

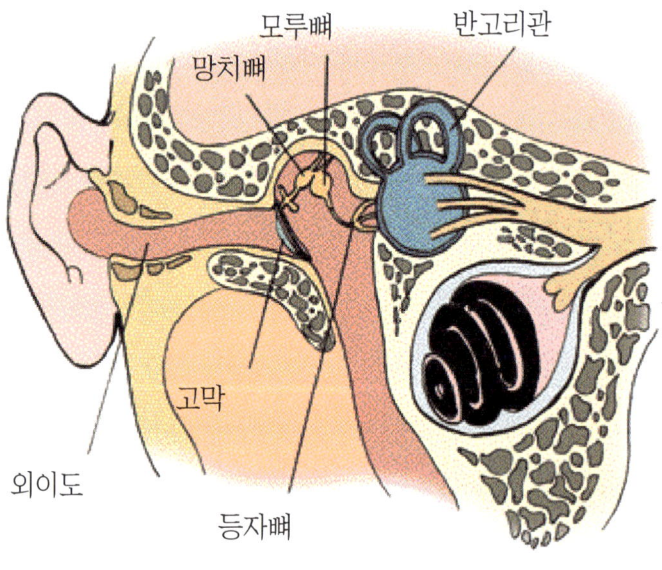

사람의 귀는 귓바퀴로 음파를 모은다. 그리고 음파는 외이도를 따라 고막으로 들어간다.

그 진동은 청각 관절?망치뼈?모루뼈 그리고 등자뼈를 지나 속귀로 계속 전해진다. 그러면 청신경이 중심 신경 조직을 자극한다.

귀는 겉으로 보기에는 아주 단순하게 보이지만, 그 속은 매우 복잡하다.

청신경은 3만 개의 신경 섬유로 구성되어 있는데, 그것은 달팽이관의 나선 회전에 의해서 움직인다. 그리고 청신경이 뇌에 이르면 신경 섬유는 30배 이상 더 많아진다.

우리의 귀는 뇌에 20에서 2만 헤르츠(진동수의 단위로 1초간의 진동수)까지 전달할 수 있다.

귀는 6~7미터 떨어진 곳에서 모기가 윙윙거리는 소리도 알아듣는다. 또한 귀는 진폭이 수소 원자의 반지름 크기인 1센티미터의 2억분의 1보다 작은 소리까지도 들을 수 있다.

귀가 하는 또 다른 중요한 일은 방향을 알아내는 것이다.

예를 들면 옆에서 오는 친구의 외침 소리는 소리가 난

곳에서 가까이 있는 귀에 맨 먼저 부딪친다.

사람의 두 귀는 약 16센티미터 떨어져 있기 때문에 두 귀 중 한쪽이 먼저 듣고, 또 다른 쪽이 나중에 듣게 되는 차이는 1/2000초이다.

소리가 왼쪽이나 오른쪽에서 들리지 않고 앞이나 뒤에서 울리면 그 차이는 더 적어진다. 그리고 그 짧은 동안이라 할지라도 어느 방향에서 소리가 오는지 알아 낼 수 있다.

그러나 이러한 귀라 할지라도 물 속에서는 그 능력이 훨씬 떨어진다. 소리는 물 속에서는 공기보다 더 빨리 전달되기 때문에 잘 알아낼 수가 없는 것이다.

소리와 생활

우리는 언제나 수많은 소리에 둘러싸여서 살아간다.

수업 시간에 선생님의 설명을 자세히 들으려고 해도 설명 소리가 아닌 다른 여러 소리가 들려 온다.

여름 방학 동안 시골에 가서 나무 그늘에 앉아 있으면 참새 소리, 바람소리, 이야기 소리 등이 들린다.

때로는 이러한 소리를 듣고 싶지 않을 때가 있지만, 아

무리 듣지 않으려 해도 귓속을 기어이 비집고 들어오는 소리는 막을 수가 없다.

그럴 때는 정말 세상의 소리가 몽땅 없어져 버렸으면 좋겠다는 생각을 하게 된다.

그러나 소리를 모두 없애 버릴 수는 없다. 그 대신에 우리는 소리가 없는 세계를 상상을 통해 알아볼 수가 있다. 만약 소리가 어디론가 도망쳐 버리면 세상은 정말

조용해서 살기가 좋을까? 상상을 통해 한 번 알아보도록 하자.

이른 아침, 학교를 가야 하므로 일어나서 책가방을 챙겨야 할 시간인데, 우리는 쿨쿨거리며 계속 잠을 잔다. 한참을 자다가 깨어보니 태양은 둥실 창문까지 올라와 있다.

'이상하다 분명 어젯밤에 시계를 맞추어놓고 잤는데.'

라며 중얼거리지만, 중얼거리는 그 소리도 입속에만 있을 뿐 소리가 없다.

늦었지만 어쨌든 학교에 가야 하므로 식사를 한다. 그러나 모두들 말이 없이 입만 우물거리며 밥을 먹는다.

거리에 나서 보니, 사람은 엄청나게 많은데도 발소리 숨소리도 하나 들리지 않는다. 길 건너편에는 우리 반에서 제일 이쁜 수정이가 지나간다. 아는 체를 하느라고 손을 들어 불러 보지만 소리가 없고, 수정이도 그냥 지나쳐 간다. 하는 수 없이 그냥 달려가서 어깨를 툭툭 쳤다. 그제서야 수정이는 빙긋이 웃는다.

횡단보도를 건널 때는 난데없이 나타난 화물차 때문에 사고가 날 뻔하기도 했다. 평소에는 그렇게도 큰 소리로 경적을 울렸는데, 그 듣기 싫은 소리가 없어지니 생명에

지장이 생기기까지 한다.

잠깐 동안의 상상이지만 소리가 갑자기 사라져 버리면 우리는 이것보다 더 많은 불편을 겪게 될 것이다.

전화나 라디오도 필요 없고, 텔레비전이나 영화관에서는 아무 소리도 없이 화면만 보여줄 것이다.

소리가 없는 세계에서는 귀도 필요가 없게 될 것이다. 그러므로 우리의 오감(보고, 느끼고, 말하고, 듣고, 냄새 맡을 수 있는 다섯 가지 감각)은 보고 느끼고 냄새맡는 것으로 줄어들 것이다.

시끄럽게 쿵쾅거리는 소리, 떠드는 소리, 즐거워서 부

르는 노랫소리, 휘파람 소리, 웃는 소리들은 모두 우리가 살아가는 세계에 꼭 필요한 것들이다. 이러한 소리가 없다면 세상은 무척 위험해질 것이다.

왜냐 하면 우리는 소리에 의해 보호받는 일이 많기 때문이다.

어린이들은 넘어져서 피가 나면 소리를 내어 운다. 그러면 아이의 엄마가 그 소리를 듣고 재빨리 달려온다.

우리는 거리에서 자동차가 가까이 오거나 오토바이가 빠른 속력으로 달리면 눈으로 직접 보지 않고 소리만 듣고도 위험을 알아채고 얼른 피한다.

배는 안개 속에서 뱃고동으로 자신의 위치를 알린다. 그리고 숲에서 나무를 자르는 나무꾼은 나무가 와지끈하고 갈라지는 소리로 나무가 쓰러진다는 것을 안다. 그래서 나무꾼은 재빨리 안전한 곳으로 피할 수 있다.

소리가 없는 세계에서는 우리들은 닥쳐오는 위험에 대비하기가 매우 어렵다.

그리고 전혀 쓸데없다고 생각되는 뜻없는 소리들도 우리에게 많은 것을 전달해 준다.

우리는 계단을 오르는 발자국 소리를 들으면, 그 소리만 듣고도 가족 중의 누구라는 것을 짐작할 수도 있다.

그리고 휘파람 소리를 들으면, 그 사람의 기분이 좋다는 것을 알아챈다.

또한 재미있는 이야기를 듣고 상대방이 웃으면 즐거워한다는 것을 알 수 있다.

그러나 가장 중요한 소리는 무엇보다도 우리가 사용하는 말소리이다.

만약 인간이 아무 것도 들을 수 없었다면, 언어는 결코 생기지 못했을 것이다. 즉, 우리는 벙어리가 되었을 것이다.

우리가 언어로 서로의 생각을 전할 수 없다면, 우리의 생활은 상상할 수 없을 정도로 어려움을 겪고, 또한 원시적이었을 것이다.

우리는 손짓으로 생각을 전할 수도 있다. 그러나 수화는 우리의 생각을 모두 전달하기에는 충분하지 않다.

예를 들면 '나는 지금 집에 가서 밥을 먹을 거야.' 라는 표현은 상대에게 이해시킬 수도 있다.

그러나 '인간은 언어를 사용하기 때문에 이성적이고 논리적으로 생각할 수 있다.' 라는 내용은 말을 하거나 글로 써야 확실히 전달할 수 있다.

듣지 못하는 소리

우리는 귀뚜라미가 우는소리나 쥐가 찍찍거리는 소리를 잘 듣는다. 그러나 어떤 사람들은 그러한 높은 소리를 듣지 못하는 경우도 있다.

그렇다고 해서 그러한 사람들이 귀머거리이거나 청각에 장애가 있는 것은 아니다. 그런데도 그들은 높은 소리를 듣지 못한다.

영국의 물리학자 틴달은, 어떤 사람들은 참새들의 지

저귀는 소리까지도 듣지 못하는 일이 있다는 것을 확인했다.

사실 우리들의 귀는 가까이에서 일어나는 모든 진동을 전부 느끼지는 못한다.

만일 물체가 1초 동안 16번 이내의 진동을 한다면 우리는 그 소리를 듣지 못한다. 그리고 1초 동안에 15,000~20,000회 이상의 진동을 하여도 우리는 역시 들을 수가 없다.

이러한 진동의 숫자가 적을수록 낮은 소리가 되고, 숫자가 많을수록 높은 음이 난다.

음의 높낮이나 크기에 대한 감각은 사람마다 차이가 있다.

나이가 많은 할아버지 할머니들은 높은 소리로 말하는 것보다는 낮은 목소리로 크게 말해야 잘 알아듣는다.

그 이유는 보통 사람이 듣는 진동수는 12,000헤르츠까지인데, 나이든 할아버지가 듣는 진동수는 최고 6,000헤르츠 정도밖에 되지 않기 때문이다.

많은 벌레들(예를 들면 모기나 귀뚜라미)은 매 초마다 약 2만 회 정도의 진동을 낸다. 따라서 보통 사람의 귀에는 이 소리가 들리는데, 어떤 사람은 이런 소리가 있는지 조차 모르고 있다. 이러한 높은 음을 듣지 못하는 사람들은 귀청을 째는 듯한 높은 소리가 나 는 곳에서도 조용하다고 좋아한다.

물리학자 틴달은 스위스에서 자기 친구와 산보를 하였을 때 일어난 일을 다음과 같이 말하고 있다.

"양쪽 길가의 잡초에는 벌레들이 득실거렸고 그들의 예리한 울음소리는 나의 귀에 그대로 들려 왔다. 그런데

나의 친구는 벌레들의 소리를 전연 듣지 못하고 있었다. 즉 벌레들의 음악이 그의 귀에서는 받아들여지지 않았다."

쥐가 "찍찍"거리는 소리를 여러분은 들어본 적이 있는가?

쥐의 소리는 벌레들의 높은 소리보다는 한 옥타브(도~도까지 8음계)가 낮다. 그런데도 어떤 사람들은 이러한 소리를 듣지 못하는 경우도 있다.

인간의 귀가 쥐 소리도 못 듣는데 비해 개는 인간보다 훨씬 높은 소리(많은 진동수)를 듣는다.

어떤 이야기책을 보면 탐험가 몇 명이서 아프리카 원주민의 다이아몬드를 몰래 가져오려다가, 원주민들에게 붙잡혀서 살아오지 못했다는 이야기가 있다.

이야기 속의 탐험가들이 원주민 마을에 들어갈 때까지 거의 소리도 내지 않았고, 또 원주민들의 보초서는 모습과 소리조차도 듣지 못했다.

많은 탐험가와 도굴꾼들은 도대체 어떻게 몰래 들어간 사람들이 들통이 났는지 궁금해했다. 탐험가들의 신분이 들통난 이유가 결국은 밝혀졌다.

원주민들은 사람의 귀에는 들리지 않는 피리 소리를

이용해서 연락을 주고받았다는 것이었다.

그렇다면 인간의 귀에는 들리지 않는 소리를 원주민들은 어떻게 알아챘을까? 그 수수께끼의 답은 개였다.

원주민들은 개를 훈련시켜서 피리의 진동을 개가 들었을 때는 한쪽 발을 든다든가 끙끙거린다던가 하는 특정한 행동을 하도록 가르쳤던 것이다.

그러므로 보초로부터 본부에 이르기까지 전달계통에는 항상 피리와 개가 있었고, 탐험가들은 원주민들이 가까이 다가오는지도 모르고 있다가 당한 것이었다.

개들은 아프리카의 원주민들에게만 충성심을 보이는 것은 아니다. 요즈음에도 개는 집에 도둑이 들어오면 크게 짖어대서 피해를 막아 주기도 한다.

주인의 발소리와 낯선 사람의 발소리를 구별해서 주인이 오기도 전에 문 밖에 가서 꼬리를 치는 개는 우리가 들을 수 없는 소리를 들을 수 있음으로 인해 도둑이 드는 것을 미리 방지할 수 있는 것이다.

북을 이용한 통신

여러분은 전성관을 알고 있는가?

애가 누구냐!
수정씨
사랑합니다~

아마도 여러분은 전성관이 무엇인지 생각조차 못할 것이다. 그도 그럴 것이 그것은 아주 오래 전에 말을 전달해 주는 기구로 사용되었기 때문에, 전화를 많이 사용하는 여러분들은 모를 수밖에 없다.

전성관은 소리를 전하는 긴 관이다.

옛날에는 커다란 상점이라든가 병원 혹은 배 안의 선장실과 기관실에 설치되어 사람을 부르거나 말을 전할 때 사용되었다.

요즘처럼 전화나 스피커가 있었다면 문제가 없지만 그런 것들이 발명된 지는 불과 100년이 조금 넘었을 뿐이니 전성관을 사용할 수밖에 없었다.

만약 이러한 전성관을 서울과 평양 사이에 놓으면 소리는 잘 전달될 수 있을까?

전성관의 서울쪽 끝에 여러분이 서 있고 평양에는 다른 사람이 서 있다고 생각해 보자.

여러분이 서울에서 말을 보내고 그에 대한 대답을 기다리자.

5분이 가고 10분이 지나도 대답은 없을 것이다. 여러분은 불안한 마음으로 전성관 반대쪽 사람이 어디론가 가버렸나 하고 생각할 것이다.

그러나 걱정은 헛된 일이다. 여러분이 보낸 말은 아직 평양에 도착하지 않아서, 15분쯤이 지나야만 평양의 친구는 그 말을 들을 것이다. 그러나 그 말에 대한 대답이 여러분의 귀에까지 들어오기까지는 또 15분이 걸린다.

그러므로 여러분이 말을 하고, 그 말에 대한 답을 듣기 위해서는 30분이 지나서야 가능해진다.

서울과 평양의 거리를 300킬로미터라고 하자. 소리는 1초에 약 300미터를 간다고 했으니 3초에 1킬로를 가는 셈이다. 그러므로 소리는 서울에서 평양까지 가는데 900초가 걸린다.

(900초÷60초(1분)=15분)

이러한 조건에서는 아침부터 저녁까지 온종일 이야기를 한다 해도 20마디도 제대로 나누지 못할 것이다.

그러나 더 중요한 것은, 실제로는 그 통화조차 불가능하다는 것이다. 왜냐 하면 소리의 진동은 전달 거리가 길어지게 되면 진동이 줄어들기 때문이다.

우리가 친구를 부를 때를 생각해 본다면 더 잘 이해가 될 것이다.

가까이에 있는 친구는 자그만 소리로 불러도 알아듣지만, 멀리 떨어져 있는 친구는 큰 소리로 불러야 알아듣는다.

그러므로 1, 2킬로라면 전성관을 통하는 말이 잘 전달되겠지만, 서울과 평양의 거리는 큰 소리가 아니라 확성기를 갖다 대고 말해도 들리지 않는다.

그러나 만약 옛날에 이러한 전성관을 이용해서 말을 하는 것이 가능했다면 그 당시로서는 꽤나 놀랄만한 사건이었을 것이다.

그 이유는, 옛날에는 편지를 한다 해도 그러한 것을 전

하려면 말을 타고 가거나 몇 날 며칠을 걸어서 직접 전해 주어야 했기 때문이다. 그러므로 하루가 걸리더라도 말을 할 수 있다면 며칠의 시간이 아껴질 수 있기 때문이다.

아프리카를 탐험하고 온 많은 여행가들에 의하면 어떤 아프리카 종족들에게는 소리를 이용해서 신호를 주고받는다고 한다.

그런데 그 신호가 얼마나 정확하고 우수했든지 그들이 전신을 최초로 이용한 사람들 같다는 것이다.

동양에서는 전쟁이나 나라에 큰일이라도 일어나면 불이나 연기를 이용해서 신호를 했다. 그런데 이 아프리카에서는 정글로 이루어져 있어서 불이나 연기보다는 소리가 훨씬 효과적이었던 것 같다.

신호를 위하여 아프리카 사람들이 사용했던 북들은 약간 특별한 모양이었다. 그러나 굉장히 먼 곳에까지 신호를 전달하였다. 이 신호가 얼마나 빨랐는가는 이태리와 아비시니아(이디오피아) 사이에 전쟁이 일어났을 때를 들 수 있다.

이태리가 처음으로 아비시니아를 침략했을 때, 아프리카 사람들은 빠른 속도로 북소리를 울렸다. 이태리 사령부는 사람도 하나 보이지 않는 정글 속에서 들려 오는 북소리에 겁을 집어먹고 그 침략은 결국 실패하였다.

이 북소리로 전쟁을 승리했다고 하면 간혹 의심하는 사람들이 있다. 그러나 북소리에 여러 가지 내용을 부호식으로 울리고 그 소리를 따라 빠르게 행동할 수 있으므로 아프리카인들이 전쟁에서 승리할 수 있었던 것이다.

청착각

여러분은 총알의 속도가 빠르다고 생각하는가? 아니면 총알 소리가 빠를 것이라고 생각하는가?

날아가는 물체의 속도와 그것이 내는 소리는 서로 차이가 있다. 그런데도 우리는 소리를 듣고 겁내는 경우가 많다.

비가 오는 밤, 우리는 천둥소리에 무서워서 어쩔 줄을 모르고, 비행기가 지나간 뒤의 소리를 듣고도 하늘에는 계속 비행기가 있는 것으로 생각한다.

현대식 총은 보통 공기 중에서 매초마다 약 900미터의 속도를 갖는다. 즉 소리의 속도보다 총알은 3배나 빠르다. 그러므로 만약 전쟁 속에서 총알이 "쌩"하는 소리를 들었다면 겁낼 필요가 없다. 그 총알은 이미 소리를 들은 그 사림의 옆을 비껴간 지 오래되있기 때문이다.

또 다른 예로 유성(우리에게 가까운 공기를 지날 때 불타는 별)을 들 수 있다.

먼 우주로부터 지구의 대기권(지구를 둘러싸고 있는 기체)으로 들어오는 유성은 거대한 속도를 갖는다. 그 속도는 대기의 저항으로 훨씬 줄어들기는 하지만 그래

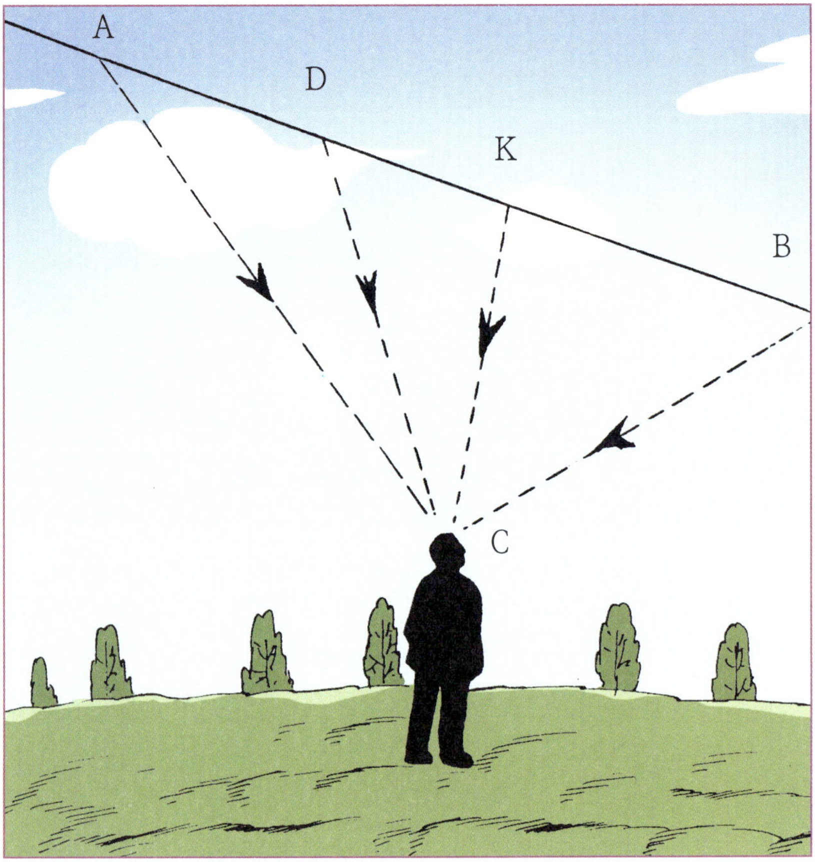

도 소리의 속도보다는 훨씬 빠르다. 공기층을 뚫고 지날 때 가열된 유성은 천둥소리와 비슷한 소리를 낸다.

우리가 점 C에 있다고 생각하고, 유성이 지나는 소리를 생각해 보자.

유성이 점 A에서 내는 소리는 유성이 B로 향한 후에야 여러분에게 들리게 된다. 즉 유성이 D정도에 도달했을 때 나는 소리가 먼저 들리고 A의 소리는 그 다음에 들린다.

그리고 B로부터 오는 소리도 K보다 늦어지므로, D와 K에서 나는 소리가 크고, A와 B의 소리는 양쪽으로 갈라지는 것과 같은 폭발 소리가 들리게 된다.

우리는 이 때, 폭발 소리를 듣고 전쟁이라도 일어났거나, 혹은 유성 폭발음을 들었다고 생각하지만, 사실은 청착각이 생긴 것뿐이다.

우리들도 가끔 하늘에 높이 떠가는 제트 비행기의 소리를 듣고 공중 폭발을 생각하게 된다. 그러나 그것도 역시 우리들의 착각에서 비롯된 것이다.

그런데 만약 소리가 1초에 340미터의 속도로 전달되지 않고 훨씬 늦게 전달된다면 어떤 현상이 일어날까?

가령 소리의 속도가 매 340미터가 아니고 34센티미터씩, 즉 사람의 걸음걸이보다도 늦다고 하면 어떻게 될까?

여러분이 의자에 앉아서 선생님의 말씀을 듣는다고 하자.

선생님은 흑판이 있는 앞에서부터 맨 뒤까지 거닐면서 말하는 습관이 있다. 이것이 보통 우리의 생활에서는 아무런 방해가 되지 않는다.

그러나 문제는 소리의 속도가 선생님의 발걸음보다 더 느리다는 것이다. 그러므로 여러분은 선생님의 말소리를 전혀 알아들을 수가 없다.

왜냐 하면 먼저 발음한 소리는 새로 발음한 소리보다 더 늦게 들려서 전체 말을 알아들을 수 없게 될 것이기 때문이다.

말소리의 순서는 선생님이 여러분에게 가까이 오는 그 순간에 말하는 소리가 여러분에게 들리고, 맨 처음 말한 소리는 맨 나중에 들리게 된다. 이러한 상황에서 선생님의 말들은 아무리 해도 이해 할 수가 없다.

우리는 소리의 속도가 더 느려지는 것을 상상해 봄으로써, 우리가 살아가는 세계가 얼마나 살기 좋은 곳인지 다시 한번 생각해 볼 필요가 있다.

메아리

메아리는 무엇일까?

우리는 높은 산에 올랐을 때 큰 소리로 "야호!"하는 소리를 내지른 뒤 다시 들려 오는 소리를 들을 수 있다. 이것이 바로 메아리다.

그러나 메아리는 산이나 골짜기에서만 들려 오는 소리는 아니다.

메아리는 우리가 낸 소리를 비롯한 다른 소리들이 장애물에 의해서 반사된 모든 소리를 말한다.

장애물은 높은 산일 수도 있고, 빈방의 벽, 숲의 공터가 될 수도 있다.

메아리는 원래의 소리보다 더 약한데, 그것은 소리가 전파되면서 에너지를 잃어버리기 때문이다.

메아리란 이름은 다음과 같은 그리이스 신화에서 비롯된다.

그리이스에는 에코라는 예쁜 요정이 있었는데, 질투가 심한 헤라 여신의 저주로 자신의 목소리를 빼앗기고 남이 하는 말소리 끝부분만 되풀이할 수 있었다.

그러던 어느 날, 에코는 잘생긴 나르시스라는 청년을 사랑하지만 남의 말만 따라하기 때문에 마음을 전할 수가 없었다.

그 이후로 에코는 숲 속이나 좁은 골짜기에서 숨어살다가 결국 몸은 여위어서 없어지고 목소리만 남게 되었다.

에코(메아리)는 아직도 남의 말만 따라서 하는 신세를

면하고 있지 못한다고 한다.

그러나 이런 신화와는 관계없이 메아리는 어디에서나 울린다.

우리가 메아리를 일으켜 우리 자신의 소리와 구별해 보려면 장애물에서 최소한 33미터는 떨어져 있어야 한다. 그렇지 않으면 우리의 소리와 메아리의 소리가 구별이 되지 않는다.

만약 33미터가 못 되는 거리에서 소리를 냈다면 메아리(반사된 소리)는 본래의 소리와 뒤섞여서 큰 소리가 된다. 그런 경우는 사람이 없는 큰방에서 들을 수 있다.

큰방에서는 우리가 내는 소리와 벽에 반사되어 되돌아오는 소리를 구별할 수가 없다. 그러한 방에서는 단지 큰 소리로 울리는 자신의 목소리를 들을 수 있다.

그런데 주위가 탁 트인 곳에 여러분이 서 있고 33미터쯤에 벽이 있다면, 그 곳에서는 되돌아오는 메아리를 들을 수 있다. 여러분이 서 있는 장소에서 손뼉을 치면 소리는 33미터를 달려서 농가의 벽에 부딪치고 반사되어서 여러분을 향해 다시 돌아온다.

(소리의 속도는 330m, 66/330=1/5초)

손뼉을 친 소리는 1/5초 이전으로 메아리가 돌아오기

이전에 멈출 수 있을 만큼 짧다. 따라서 두 소리는 섞이지 않으므로 구별되어 들린다.

우리는 한 음절의 말이라면 1/5초쯤으로 말한다. 따라서 장애물로부터 33미터의 거리에 있으면 우리는 한 음절의 메아리를 듣게 된다.

그런데 두 음절의 메아리는 33미터의 거리에서라면 음

성과 섞여서 메아리를 강하게 하여 똑똑하지 못한 것으로 만들기 때문에 우리는 그것을 분간해서 들을 수가 없다.

두 음절의 메아리를 분명히 들을 수 있기 위한 장애물은 얼마만한 거리에 있어야 할까?

두 음절의 말을 발음하는 데에는 2/5초가 걸린다. 이 말이 메아리가 되기 위해서는 장애물과 귀 사이의 거리는 최소한 66미터가 되어야 하고, 왕복거리는 32미터이다. 즉 두 마디의 메아리를 듣기 위해서는 2/5초 동안에 132미터를 통과해야 한다.

메아리는 우리의 생활과 지리, 과학 등에서 여러모로 중요하게 이용된다.

박쥐나 돌고래는 초음파를 발사해서 반사된 소리를 듣고 물체를 확인하고 먹이감을 잡는다.

현재 사용되는 음파탐지기라는 것은 소리의 반사 즉 메아리를 이용해서 물체를 구분하는 기구이다.

음파탐지기가 최초로 사용된 것은 제1차 세계 대전으로 볼 수 있다.

제1차 세계 대전 때 잠수함이 투입되어 각 나라에서는 잠수함을 찾는데 고심했다.

과학자들은 이 문제를 해결하기 위해 소리의 방향을 측정하는 방법을 찾아냈다. 요즘처럼 정확한 음파탐지기는 아니었지만, 우선 배에서 바닷속으로 정밀한 소리 수신기를 내려보내서 그것으로 잠수함 소리를 도청하려고 했다.

그러나 추적 받는 잠수함도 그냥 당할 수만은 없어서 바닷속에서 대책을 마련하였다.

즉 그들은 잠수함의 항로를 바꾸어 버리고 바닷속 깊

은 곳으로 간 뒤에 그들이 사라져 버린 것처럼 보이도록 기계의 모든 작동을 꺼 버렸다.

그 후 잠수함을 추적하는 방법을 개량하여 강력한 음파를 보낼 수 있고, 고도로 예민한 수신기와 연결시키는 방법을 발견하였다.

이 기계는 짧은소리를 내는 광선을 발사하여, 수신기가 바닷속에서 물체에 의해 반사되는 메아리를 도청하였다.

현재는 잠수함을 발견하기 위해 수중 음파 탐지기를 이용한다. 이것은 아주 높은 주파수의 음파가 마치 헤드라이트처럼 주변을 탐색하는 기구이다.

잠수함에서 반사된 물결은 수중 청음기(소리를 듣고 방향, 위치 등을 알아내는 기계)에 의해서 도청되고 이용된다. 수중 청음기는 잠수함까지의 거리뿐만 아니라 방향도 나타낸다.

음파 탐지기와 그 외의 소리 방향 탐지 기계들은 항로의 깊이를 측정하기 위해서 사용하기도 한다.

바닷속 깊은 곳은 압력이 무척 높아 사람이 직접 그 깊이를 측정하기 어렵다. 그러므로 이러한 기계들은 사람의 힘을 빌리지 않고도 그 깊이를 측정할 수가 있다.

그 깊이를 알아보기 위해 배 밑에서는 수직으로 소리를 바다 속에 보내 그 곳에서부터 메아리가 되어 되돌아오게 한다.

이 소리가 바다로부터 반사되어 돌아오는데 걸린 시간을 계산하면 바다의 깊이를 알 수 있다.

원양 어업에서도 물고기를 잡는데 음파 탐지기를 사용한다. 이것을 사용하면 물고기에게서 반사된 소리가 물고기 떼의 크기와 위치를 알 수 있다. 또한 해저에 있는 난파선도 이 음파 탐지기로 찾을 수 있다.

그런데 이렇게 완벽에 가까운 음파 탐지기가 어째서 빙산을 찾아내지 못해서 침몰해 버리는 걸까?

그 이유는 얼음은 물과 잘 구별되지 않을 뿐만 아니라, 소리를 반사하지 않고 계속 전달하기 때문에 빙산에 대해서는 음파 탐지기가 아무런 효과가 없는 것이다. 음파는 지질학에서도 큰 역할을 한다.

음파는 여러 종류의 암석과 모래를 각각 다른 속도로 통과하는데, 단단한 암석에서는 그 진동이 더 잘 반사된다. 그러나 무른 땅에서는 음파가 잘 반사되지 않는다.

지질학자들은 이러한 지식을 기초로 하여 바닷속 깊이 들어 있는 석유의 위치와 토탄(탄화 작용이 제대로 이루

어지지 않은 석단)을 확인할 수 있는 지진계를 발명하였다.

즉 지진계가 작은 폭발음을 내면 그 음파가 땅 속으로 뚫고 들어간 뒤 여러 지층에 의해서 서로 다른 빠르기로 전달된다. 그리고 각각의 서로 다른 속도로 되돌아와서 지진계는 메아리파를 그린다. 그러면 지질학사들은 메아리파의 그림을 보고 토탄이나 석유 또는 광물이 있는지 없는지, 그리고 어디에 어느 만큼 있는지를 측정할 수 있다.

이렇게 여러 곳에서 사용되는 음파 탐지기는 사실상 우리가 들을 수 없는 초음파를 이용한 것이다.

물론 1차 세계 대전 중 발명된 수중 음파는 초음파가 아니었지만 과학의 발명은 초음파를 이용해서 여러 가지를 가능하게 했다.

초음파는 이외에도 여러 분야에서 도움이 되고 있는데 초음파에 대해서는 다음 장에서 알아보도록 하자.

초음파와 그것의 이용

초음파는 진동이 너무 빨라서 혹은 진동수가 너무 적어서 우리들의 귀로는 들을 수 없는 소리를 말한다.

초음파의 진동은 2만 헤르츠 이상인 주파수로, 사람은 보통 듣는다거나 소리를 낼 수가 없고 전기를 이용하여 초음파를 내고 듣는다.

그러나 어린아이들은 3만 헤르츠의 주파수를 들을 수 있어서 초음파를 듣는 것이 가능하다.

또한 개는 4만 헤르츠의 주파수를 들을 수 있으므로 우리들이 아무 소리도 듣지 못할 때도 개는 뭔가를 듣고 끙끙대거나 짖어댄다.

지구 위에서 초음파를 내고 듣는 동물은 쥐와 박쥐 그리고 돌고래 등이 있다. 이 중에서 그 능력이 가장 뛰어난 동물은 박쥐로서 12만 헤르츠까지 초음파를 내고 듣는다.

초음파는 앞의 메아리에서 설명한 장치들뿐만 아니라 더 많은 용도에서 사용되어지고 있다.

예를 들어 개가 짝을 찾을 때 사용하는 소리(3만에서 4만의 주파수)를 우리들은 들을 수 없지만 개는 그것을 듣고 짝을 찾아가기도 한다.

그런가 하면 소경을 위한 지팡이는 초음파를 발사하여 방해물을 알 수 있게 하는데, 소경은 그 지팡이로 75센티미터 정도 앞에 있는 방해물을 알 수가 있다.

또한 초음파는 초음파 망치와 같이 어려운 일을 해 낸다.

초음파 망치란 땅 속을 파거나 무엇을 집어넣을 때 먼저 기둥을 넣고 그 기둥 속에 긴 파장을 형성시켜 소리가 나지 않으면서 물체를 박아넣는 것이다.

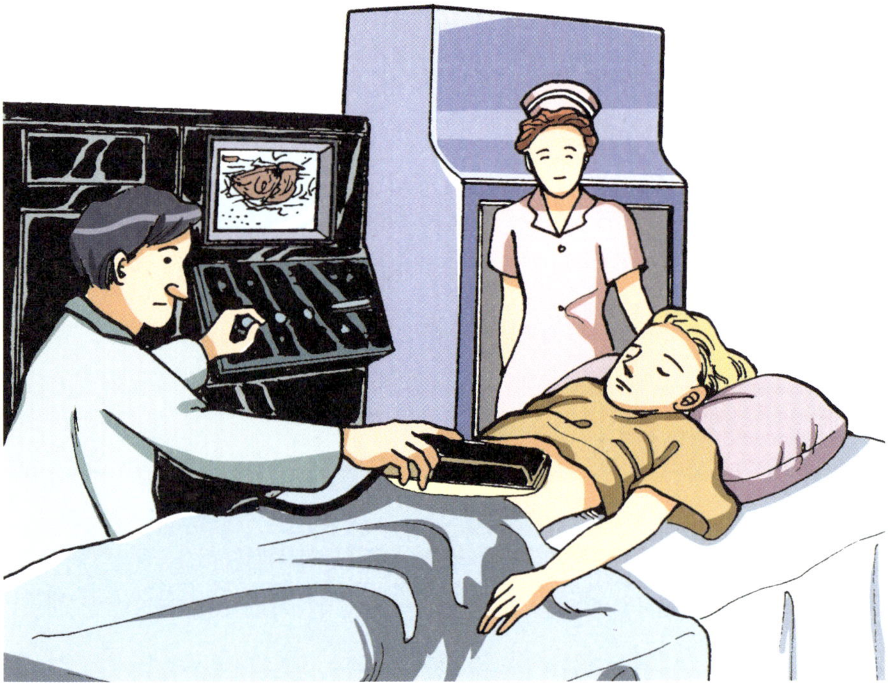

초음파는 재료의 결함도 발견할 수 있다. 만일 강철 판 속에 결함이 있는데 어느 장소에 어떤 두께로 있는 지 알 수 없을 경우 초음파를 강철판에 보낸다. 그러면 초음파는 강철이 눈에 보이지 않을 정도의 작은 결함이라도 있으면 보통의 강철과 결함이 있는 부분에서 각각 다르게 반사하므로 결함의 위치를 알 수 있게 해 준다.

최근에는 의학에서도 초음파를 이용하고 있다.

초음파를 신체에 이상이 있다고 생각되는 부분으로 보내면 신체의 각 부분 즉 신경, 근육, 뼈 등은 초음파를 반사한다. 그러면 의사는 그 반사로 얻어지는 영상을 통해 몸 속의 이물질이나 이상 기관을 발견할 수 있게 된다.

초음파로 진단할 수 있는 병은 보통 체세포보다 단단한 물질로 이루어져서 반사를 많이 하는 암이나 결석(내장 안에 생기는 돌처럼 딱딱한 물질) 등이다.

초음파는 환자의 진단뿐만 아니라 아주 높은 주파수를 지닌 광선을 이용해서 치료에도 사용된다. 즉 초음파는 병이 든 부분, 예를 들어 염증이 생긴 신경에 전달되어 치료 가능한 열을 발생시킴으로써 치료를 하는 것이다.

또한 초음파는 치과나 외과 도구에 붙어 있는 굳은 피와 이물질을 녹이는 것과 같이 어떤 기구의 소독에도 쓰인다.

물분자는 초음파에 의해서 아주 빠르게 진동하도록 자극을 받는다. 그러면 초음파는 기구에 붙어 있는 더러운 알갱이들을 녹여서 그 기구들을 깨끗하게 닦아 놓는다.

우리가 지금까지 알아본 초음파는 주파수가 무척 높아서 들을 수 없는 것들이었다. 소리가 너무 높아도 소리를 듣지 못하지만 주파수가 너무 낮아도 우리는 소리를 듣지 못한다.

여러분은 앞에서 1초 동안에 16번 이하의 진동수는 사람의 귀로는 들을 수 없다고 이야기한 것을 기억할 것이다.

주파수(진동)가 16헤르츠 이하의 소리는 초저주파음이라고 한다.

초저주파음의 소리가 충분히 강하다면 아마 우리는 그것을 들을 수 있을 것이다.

초저주파음은 바람, 화재, 돌아가는 모터, 바닥이나 건물의 흔들림, 공장의 기계, 교통 기관, 냉난방 기구 등에 의해서 생기는 것으로 기계에 의해 그 소리를 가늠할 수가 있다.

우리에게는 들리지 않는 이러한 진동은 우리의 신체에 영향을 주기도 한다.

우리가 이 진동을 받으면 어깨가 결리고 손발이 저리며 속이 차고 압박감 두통 등을 느끼게 된다.

초저주파음은 우리에게 피해를 주기도 하지만 과학이나 공업에서는 이 초저주파음을 이용하는 경우도 있다.

초저주파음은 단단한 물체에 작은 구멍을 낼 때와 같이, 사람이 하기에는 힘든 일을 거뜬히 해낸다.

우리 주위에는 아직도 모르고 그냥 지나쳐 버리는 것

초저주파음 때문에
손발이 저려
뭐?
아무 소리도 안들
리는데
흔들
63빌딩
흔들

들도 많다. 다른 생물들이 뭔가를 알고 있다면, 인간은 그것이 무엇인지 확인하고 연구함으로써 인류에게 도움이 되는 것들을 발견, 발명해 내기도 한다.

동물들과 소리

지구에는 많은 동물들이 살아가고 있다. 물 속에서 살아가는 동물, 공중을 나는 동물, 땅 위에서 살아가는 동물 등, 동물들이 살아가는 방식이 다른 것처럼, 동물들이 내는 소리도 여러 가지이고 소리를 만들어 내는 곳도 서로 다르다.

동물들의 모든 소리에 대해서 이야기할 수는 없으므로 대표적인 동물들의 소리만 알아보도록 하자.

대부분의 곤충들은 거의가 귀머거리이다. 우리가 흔히 볼 수 있는 매미, 귀뚜라미, 메뚜기 등은 그러한 귀머거리 곤충들보다는 발전되어서 예쁜 소리를 낸다.

소리를 내는 곤충들은 소리를 들어야 하기 때문에 귀도 발전시키고 있다.

매미는 가슴 양쪽에 둥근 고막이 있다. 메뚜기는 좀 우습지만 다리로 소리를 듣는다.

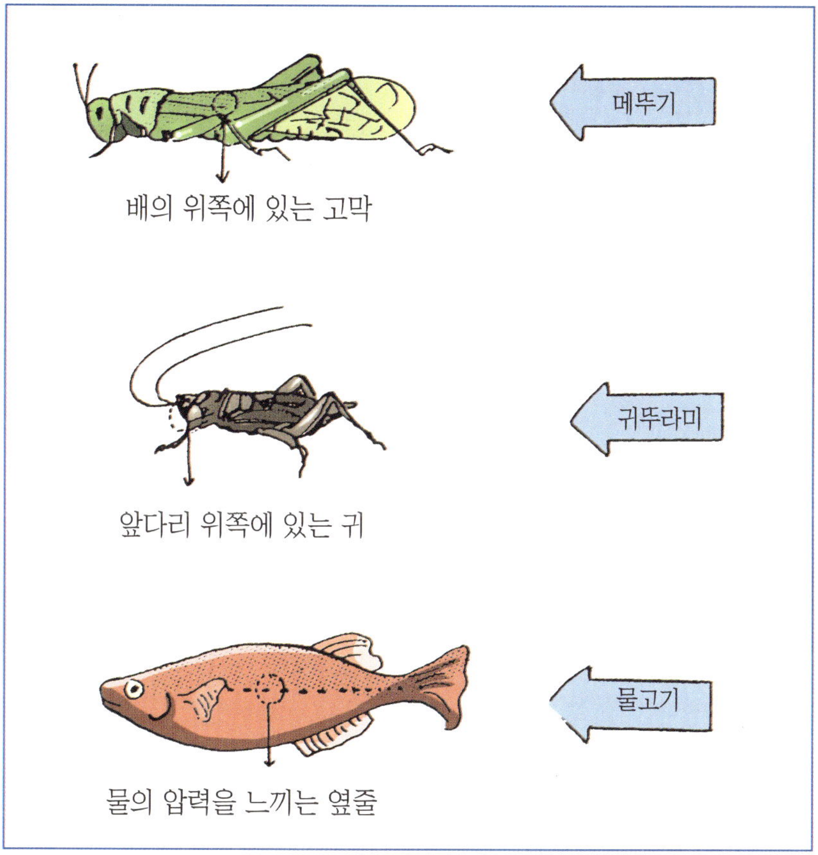

보통의 메뚜기들은 날개를 서로 비벼서 소리를 내는가 하면, 어떤 종류는 가장자리가 톱니 모양으로 된 뒷다리로 날개를 켜서 윙하는 소리를 낸다. 바이얼린을 켜는 것과 비슷하다.

소리를 내는 곤충들은 소리를 통신수단으로 사용하고 있다.

이러한 각각의 소리로 곤충들은 자기 동족의 신호를

구별할 수 있다.

그리고 곤충의 수컷들은 또 다른 수컷이 노래를 부르면, 그 영역을 피해서 지나며 암컷은 소리내는 수컷을 향하여 날아갈 수가 있다.

그러면 소리를 내지 못하는 곤충들은 어떻게 할까?

대부분 후각을 이용해서 짝을 찾게 된다.

물고기들은 몸의 다른 부분과는 조금 다른 구조의 선이 옆구리를 따라 아래로 그리고 머리 위쪽으로 뻗어 있다.

이 선은 약간의 구멍들로 이루어져 있는데, 이 구멍들은 살갗 바로 밑의 한 관과 연결되어 있다. 이것을 옆줄이라고 한다. 이 옆줄로 인하여 물고기들은 물의 압력을 알아낸다.

물고기는 헤엄을 치면서 자신의 앞에 일정한 압력을 갖는 물결을 일게 한다. 이 물결이 어떤 색다른 장애물에 부딪치면 물고기는 옆줄을 통해서 이 변화를 느낄 수 있다.

약간의 거리를 두고서도 느낄 수 있는 이 능력으로 물고기는 그 옆에서 헤엄을 치는 다른 물고기들의 움직임도 알아챌 수 있다.

〈물고기가 소리를 내는 조직〉

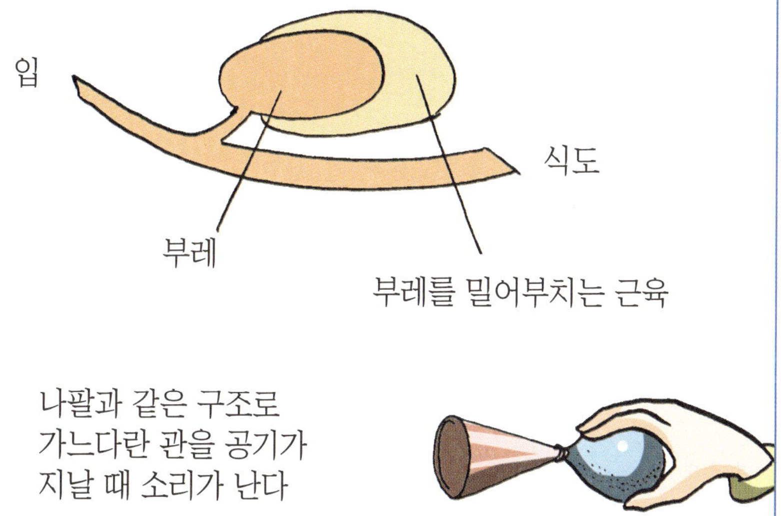

물고기는 세상이 처음 열렸을 때부터 소리를 느낄 수 있었던 것 같다.

소리는 공기 속에서보다 물 속에서 더욱 잘 전달되는 데다 물고기의 몸은 수분이 매우 많기 때문에, 공기 속에서처럼 특수한 통로의 노움을 받지 않고도 음파가 물고기의 머리뼈를 통과하여 세반고리관에 잘 전달된다.

간혹 부레와 귀가 서로 연결된 물고기들이 있다.

잉어는 뼈로, 정어리는 특별한 관으로 연결되어 있다. 부레와 귀가 연결된 것은 부레가 귀를 돕기 위해서이다.

이와 같은 조직이 있는 물고기는 그렇지 않은 물고기

보다 10배나 강하게 소리를 느낀다.

또한 물고기들은 소리를 안 내는 것으로 알고 있지만 성대나 돌돔은 부레를 써서 소리를 낸다. 꽤 큰 소리인데 그것은 아마도 적을 접근하지 못하게 하려고 내는 것 같다.

개구리와 두꺼비는 모두가 고막을 발전시켜 왔다.

이들 고막은 대기 중에서 음파의 진동을 매우 효과 있게 알아낸다.

이 청각능력을 개발하면서 양서류들은 목소리도 같이 발전시켰다.

공기를 성대로 보내는 폐는 아직도 단순하고 비교적 연약하지만, 많은 개구리들은 그들의 목소리를 목구멍이나 턱 밑에 툭 불거져 나온 공명 주머니로 확대시킨다. 특히 열대 지방의 늪에서 소리를 지르는 개구리 떼의 울음은 너무 커서 고막이 울릴 지경이다.

개구리의 소리는 끙끙거리는 소리, 금속성의 딸그락거리는 소리, 울부짖는 것 같은 소리, 폭발하는 듯한 소리, 쉰 소리 등 각양각색이다.

각각 다른 종류들이 내지르는 이러한 소리를 여러분이 한번 듣기만 한다면 아마 놀래서 뒤로 나사빠질 것이다.

늪이나 물에서 일어나는 양서류의 합창은 보통 짝짓기를 위한 것이거나 모든 종족을 모이게 하여 새끼를 낳도록 하는 소집 신호이다.

박쥐는 곤충을 잡아먹는 동물이다.

박쥐는 낮에는 굴속처럼 어두운 곳에서 잠을 자고, 밤이 되면 날아다니면서 먹이를 잡는다.

보통의 사람들은 전등만 꺼져도 이방에서 저쪽 방을 가는 데도 더듬거리면서 가는 게 예사이다. 그런데 박쥐는 낮에는 실컷 자고 밤이 되면 일어나서 활개를 치며 다닌다.

이런 박쥐를 옛날 사람들은 참 신기한 동물이라고 생각했다. 그러한 박쥐의 비밀이 밝혀진 것은 200여 년 전 이탈리아의 한 자연 과학자의 실험에 의해서다.

라자로 스팔란차니라는 학자는 어두운 실험실에 많은 실을 수직으로 쳐 놓았다. 그리고 박쥐를 날려보냈는데, 박쥐는 실 하나에도 부딪치지 않고 날아갔다.

그는 두 번째 실험에서는 박쥐의 눈을 가리고 날려 보았다. 역시 박쥐는 능숙하게 날았다.

스팔란차니는 고심 끝에 이번에는 박쥐의 귀를 막고 날려보냈다. 그러자 박쥐는 비로소 방향 감각을 잃고 실

에 걸렸다.

이 실험으로 스팔란차니는 박쥐에게는 청각이 가장 중요한 감각기관이라는 사실을 알아냈다. 그러나 방해물에 대해 박쥐의 귀가 무척 중요한 것은 알아냈지만 어떻게 방해물의 장소를 박쥐가 알아내는지에 대해서는 밝혀낼 수가 없었다.

그로부터 150년 후에야 비로소 자연 과학자들은 그 수수께끼에 대한 해답을 얻어냈다.

1932년에 네덜란드의 동물학자 딕그라프는 박쥐가 사

냥감을 찾을 때 찰칵거리는 소리를 낸다는 것을 확인했다. 그리고 몇 년 후에는 미국의 도널드 그리핀과 로버트 갈람보스는 박쥐가 음의 완전한 배열을 만든다는 것을 발견했다. 그러나 이러한 모든 소리(찰칵거리는 소리는 제외하고)는 사람에게는 들리지 않는다.

여름날 밤에 박쥐를 관찰할 기회가 있다면, 박쥐가 거의 소리를 내지 않는 야행성 동물이라는 것을 알게 될 것이다. 이 때 박쥐의 찰칵거리는 소리를 듣고 싶으면 박쥐의 근처에 작은 돌멩이를 던지면 된다. 그러면 찰칵하면서 박쥐는 돌멩이를 먹이감으로 생각하고 달려드는 것을 볼 수 있다.

박쥐가 이렇게 어둠 속에서 물체를 알아볼 수 있는 것은 입으로 초음파를 내보내고 반사되어 돌아오는 소리를 들을 수 있기 때문이다.

실제로 박쥐는 반사되는 소리를 표준으로 날아다닌다. 그리고 먹이를 찾을 때는 풍뎅이의 몸이 반사하는 아주 작은 소리에도 예민하게 반응한다.

박쥐가 날아다닐 때는 항상 주파수가 3만 내지 7만 헤르츠의 아주 높은 방향표시음을 낸다. (헤르츠는 1초 동안에 100번 진동하는 것을 말한다. 그러므로 박쥐는 1

초 동안에 3만에서 7만까지 진동하는 높은 음을 낸다고 하겠다. 사람이 박쥐의 초음파를 들을 수 없는 까닭은, 사람은 1초에 20~2만까지의 진동밖에는 들을 수 없기 때문이다.)

박쥐의 소리는 놀랄 정도로 짧게 내는데 그 소리는 1/1000초보다 짧은 것으로 1초에 10~20회 정도 소리를 낸다. 이 소리가 곤충에게 부딪치면 반사되어서 다시 그 소리를 듣게 된다. 반사 소리를 들으면 박쥐는 그 소리의 방향을 알아낸다. 귀에 들려오는 메아리의 크기는 사냥감의 크기와 거리를 측정하게 해준다.

박쥐가 청각으로 받아들이는 모든 것은 뇌 속에 입체적인 모습으로 그려진다. 박쥐는 이 그림에 번개처럼 재빨리 반응한다. 그러므로 한밤중에도 결코 장애물에 부딪치지 않는다.

박쥐가 하룻밤 중에 잡는 곤충은 6초마다 한 마리이고, 자신의 몸무게와 같을 정도로 많은 곤충을 잡는다고 한다.

박쥐 중 특히 훌륭한 사냥꾼은 긴귀 박쥐이다. 긴귀 박쥐는 자신의 몸 전체보다 더 긴 귀로 나뭇잎 위에 있는 아주 작은 곤충도 찾아낸다.

박쥐의 이러한 사냥솜씨는 밤에 활동하기 좋아하는 곤충에게는 대단히 치명적이어서, 어떤 밤나방들은 박쥐가 내는 소리를 듣고 재빨리 땅으로 떨어져 앉아버리는 경우가 있다.

초음파를 이용해서 먹이를 잡는 동물은 박쥐 말고도 고래가 있다.

고래의 종류는 여러 가지가 있다.

그 중에서 시속 40킬로미터 이상의 속도를 내는 고래도 있다. 이렇게 빠르게 움직이기 위해서는 몸의 각 기관이 잘 발달되어 있어야 한다.

어류는 옆줄이라는 조직이 있지만 포유류(젖으로 새끼를 기르는 동물, 사람도 포유류이다)는 그런 것이 없다. 그러나 이빨이 있는 고래는 옆줄 대신 박쥐처럼 음파 탐지 방식을 사용한다.

특히 돌고래는 후두와 머리의 앞쪽에 있는 기관인 멜론(돌고래의 코와 분수공 사이에 있는 기름 덩어리)을 사용하여 초음파를 발사한다. 이 때의 주파수는 대개 20만 헤르츠로써 박쥐와 비슷한 수준이다.

이것을 이용하여 돌고래는 앞에 놓여 있는 장애물을 알아낼 수 있을 뿐만 아니라 그 반사된 소리의 성질에 의하여 앞쪽에 있는 물체가 무엇인지를 구별할 수가 있다. 이 사실은 돌고래가 해양 수족관에서 재주를 부릴 때나 훈련을 받을 때 쉽게 관찰할 수가 있다.

눈을 가린 돌고래는 별 어려움 없이 특별한 모양의 튜브를 골라내기도 하고 물 속을 빨리 헤엄치면서 주둥이 끝으로 같은 모양의 공들을 굴러모으기도 한다.

돌고래는 초음파는 물론이고 그 밖의 여러 가지의 소리를 낸다.

이러한 소리들이 돌고래들의 의사소통을 하는 언어의 수준에 이른 것인지에 대해 학자들은 연구를 하고 있다.

어떤 학자들은 우리가 조금만 더 세심한 주의를 기울인다면 돌고래의 말을 알아들을 수 있고, 메시지를 교환할 수 있을 것이라고 말하고 있다. 현재까지의 연구결과로 우리는 돌고래가 내는 소리 가운데 약 20가지는 이해할 수가 있다. 이 소리 가운데는 빠른 속도로 헤엄쳐 나갈 때 서로 집단을 유지하는 데 쓰이는 듯한 것도 있고, 경보 신호로 사용되는 것도 있다. 그리고 먼 거리에서 서로를 알아볼 수 있는 각각의 부호로 여겨지는 것도 있다.

그러나 돌고래의 소리가 두 단어 이상을 연결하여 사

용되고 있는지는 아직 밝혀지지 않고 있다.

몸집이 큰 종류의 고래 역시 소리를 낼 줄 안다.

긴수염고래의 일종인 흑등고래는 매년 봄, 짝짓기와 새끼를 낳기 위하여 하와이 근해에 모여드는데 이들은 마치 노래를 부르는 것 같은 소리를 낸다.

이 노래는 깽깽거리는 소리, 으르렁거리는 소리, 째지는 듯한 소리, 그리고 부웅하는 소리들로 구성되어 있다.

이 노래는 몇 시간씩 계속되는데 웅장한 음악회를 생각나게 한다.

또 이 노래 가운데는 일정한 가락이 포함되는데, 각각의 가락은 여러 번 반복되기도 한다. 그리고 그 횟수는 정해져 있지 않지만, 한 계절 중 어떤 노래에 들어가는 가락의 순서만은 항상 똑같다.

노래 한 곡은 10분쯤 계속되는 것이 보통이지만 30분 동안 계속되는 것도 있다. 그렇지만 이 노래를 계속해서 부르기 때문에, 실제로는 24시간을 쉬지 않고 노래한다고 볼 수 있다.

고래가 왜 이렇게 노래를 부르는지 그 이유는 아직 알려져 있지 않다.

사람들이 고래의 노랫소리만 듣고서도 그것이 어떤 종류의 고래인지 알 수 있는 것으로 보아, 고래도 역시 이러한 소리만으로 자신의 동료 중 누구인지 정확하게 알 수 있는 것 같다.

물은 공기보다 음파를 잘 전달하므로 고래의 노래 중 어떤 부분은 50킬로미터 이상 멀리 떨어져 있는 동료들에게 자기의 위치나 행동을 알려 주는 구실을 하기도 할

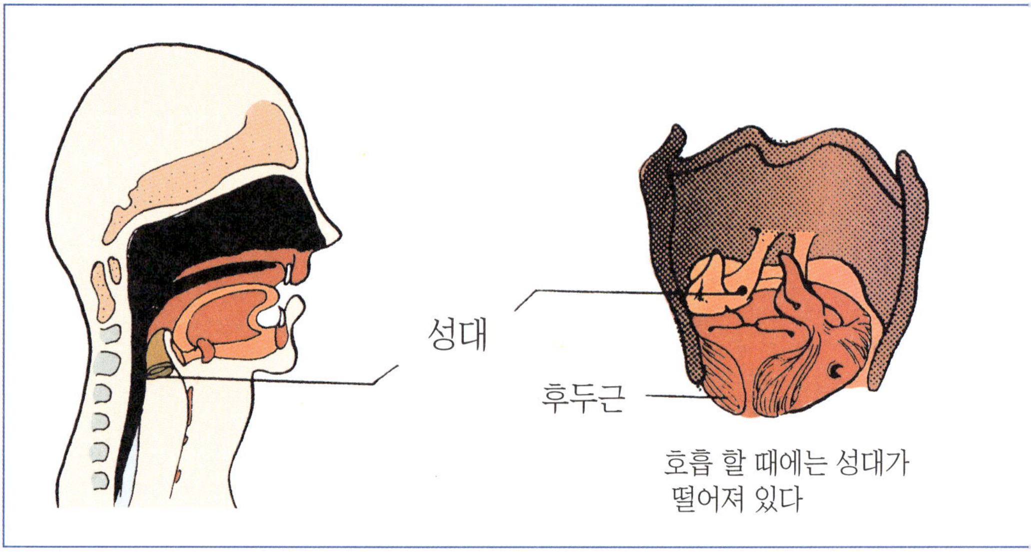

것이다.

사람의 소리는 어떻게 생겨나는 걸까?

사람의 소리는 후두에 있는 여러 가지 근육의 작용에 의해 구강에 도달한 공기가 많은 영향을 끼친다.

사람이 소리를 내는 모든 기관을 발성 기관이라 한다.

사람의 발성 기관은 어떤 특별한 악기보다도 다양한 음과 아름다운 소리를 가지고 있다.

목소리는 성대의 진동에 의해서 생기는데, 성대는 공기가 통과하는 좁은 틈만 남겨두고 후두에 의해 죄어진다.

숨을 내쉴 때는 공기가 이 틈을 따라 폐 밖으로 나오며 성대를 진동시킨다.

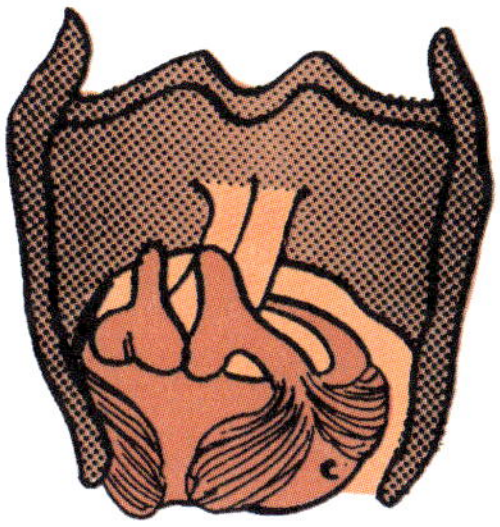

말을 시작하면 성대가 죄어진다

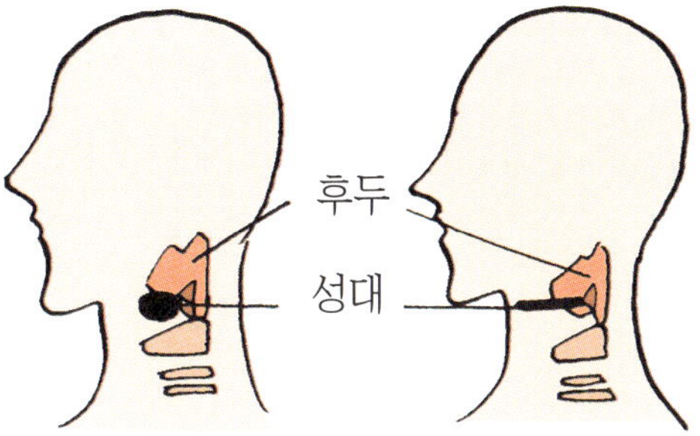

높은소리 낮은소리

이 성대의 죄임은 여러 가지 작용을 하는 근육들이 관계가 있다. 근육들은 성대를 단단하게 하기도 하고 느슨하게 하기도 한다.

우리는 짧은 줄이 긴 줄보다 더 높은 음을 내고, 팽팽하게 당겨진 가는 줄이 느슨하고 굵은 줄보다 더 높은 음을 낸다는 것을 알고 있다. (이것의 확인을 위해서는 기타 줄을 보면 알 수 있다. 기타 줄을 느슨하게 하고 울리는 소리와 팽팽하게 조인 뒤의 소리는 무척이나 다른 음을 낸다) 이와 같은 것은 사람의 성대에서도 똑같이 작용한다. 성대가 팽팽하고 가늘면 목소리가 높게 울리고, 성대가 느슨하고 굵으면 낮게 울린다.

남자는 여자보다 더 낮은 목소리를 가지고 있다. 그것은 여자의 성대가 약 1.25센티미터인데 비해, 남자의 성대가 약 1.875센티미터나 되기 때문이다.

어린아이의 목소리는 어른의 목소리보다 아주 높다. 그 이유는 어린아이가 무척 짧은 성대를 가지고 있기 때문이다.

사람 목소리의 고음과 저음의 차이는 약 2.5옥타브가 넘는다.

목소리가 울리는 양은 주로 성대에 의해서 공기를 얼마나 강하게 폐 밖으로 밀어내는가에 따라 다르다. 그러나 앞에서도 이야기했듯이 구강, 특히 입천장의 형태도 영향을 끼친다. 사람에 따라서는 입술이 갈라져 있거나 입천장이 조금만 갈라져도 소리가 제대로 나오지 않는 언청이들이 있다.

이들은 입술이 약간 갈라짐으로 인해 그 발음이 뚜렷하지 않아 듣는 사람이 답답한 느낌이 들기도 한다.

입 모양이나 입안의 구조가 소리에 얼마나 큰 영향을 주는지는 언청이를 생각하면 잘 알 수 있다.

그러나 언청이가 아님에도 불구하고 사람의 목소리가 듣기 싫은 소리도 있다. 그것은 화나서 볼멘 소리, 불친절한 소리, 명령하듯이 크고 날카롭게 말하는 소리이다.

사람의 말소리는 참으로 신기해서 기쁜 마음으로 친절하게 이야기하면 듣는 사람의 마음도 즐거워지지만, 화난 목소리로 퉅퉅거리면 기분 좋은 사람도 기분이 나빠진다.

옛말에 '말 한 마디로 천냥 빚 갚는다'는 말이 있다. 그것은 사람이 마음을 곱게 먹고 친절한 목소리로 말하면 상대방의 마음도 풀어 주고 불가능한 일도 해결된다는 뜻이다.

동물은 인간처럼 상냥한 말을 할 수가 없다. 지구에서 오로지 인간만이 친절한 소리를 낼 수 있다. 그러므로 우리는 자신과 남을 즐겁게 하는 친절하고 상냥한 소리를 내어야 할 것이다. 그것은 인간만이 가진 특별한 권리이다.

소리를 전달해주는 기계들

만약 조선시대의 양반이 요즈음 우리가 살아가는 세계에 와 보았다면, 도대체 도깨비 굴속에 들어온 것이 아닌가 생각하고 어디론가 도망칠 생각을 할 것이다.

조그만 기계 속에서 말소리가 들리고 노랫소리가 나고, 사람의 얼굴이 나와서 우스갯소리를 하는데 놀라지 않고는 배길 재간이 없기 때문이다.

날로 발달해 가는 과학문명은, 조선시대 사람이 아니더라도 놀랄 만큼 새로운 것들이 등장한다.

몇 시간, 혹은 몇 달을 걸려서 갈 수 있는 거리에서 사건이 발생해도 우리는 라디오나 텔레비전을 통해서 금세 알 수 있다.

그래서 우리가 살아가고 있는 지구를 이제는 '지구촌'

이라고 부르기도 한다. 그것은 한 동네에서 살아가는 이웃처럼 먼 거리에 사는 사람의 일이라도 눈 깜짝할 새에 다 알게 되어 걱정해 주기 때문이다.

지구가 이러한 지구촌이 될 수 있었던 것은 소리를 먼 곳까지 전달해 주는 기계들 덕택이다.

우리의 생활을 편리하게 하는 기계는 어떻게 태어났는지, 그 기능과 함께 살펴보자.

전신기

19세기(1800년대)에 들어와서 인류는 그 무엇보다도 과학분야에서 여러 가지를 발명해 냈다.

특히 전기를 이용한 통신 방법이 여러 과학자에 의해 연구되어 왔는데, 그 중에서도 사무엘 모르스가 발명한 전신기는 가장 뛰어난 것으로, 이것은 오늘날의 유선 통신을 발달시키는 원인이 되었다.

그 당시의 상황에서 발명된 전신기는 참으로 놀랍고 신비스러운 것이어서 많은 사람들은 모르스에게 박수를 보냈다.

현재 우리의 생활에도 큰 도움을 주고 있는 모르스의 전신기는 과연 어떻게 만들어졌을까? 한 번 알아보자.

때는 1832년 12월, 프랑스에서 대서양을 가로질러 미국으로 가는 사리호라는 배에서의 일이었다.

사리호는 우편물을 운반하는 동시에 사람도 함께 태우고 다니는 정기 여객선이었다.

배 안에서는 많은 사람들이 잡담으로 시끌벅적거렸다.

그 중 많은 구경꾼에 둘러싸여 열심히 이야기하는 사람이 있었다. 그 사람은 찰스 잭슨이라는 미국인 의사로, 파리에서 구경한 전기실험 이야기와 함께 한 가지 구경거리를 가지고 있었다.

"이것은 영국의 윌리엄 스타전이라는 사람이 7년 전에 발명한 전자석이라는 것인데, 여기에 전류를 통하면 자석으로 변해서 철이 붙게 됩니다."

하고 실제로 실험을 해 보였다.

"이 전자석은 여러분들이 아시는 보통의 자석과 꼭 같은 것으로 철가루를 끌어당깁니다."

그의 실험과 설명을 듣자 한 사람이

"전류는 얼마나 빠른 속도로 흐릅니까?"

라고 질문하였다.

그의 질문에 대해 의사는

"전류는 아무리 긴 철사라도 눈 깜짝할 사이에 흘러갑니다."

라고 간단히 대답할 뿐이었다.

대부분의 사람들은 의사의 그러한 대답에 더 이상 질문도 하지 않고 신기해 할 뿐이었다.

그런데 그들 중 사무엘 모르스는 무언가 골똘히 생각

하였다. 모르스는 파리에서 그림 공부를 하던 이름 없는 화가로 지금 미국으로 돌아가는 중이었다.

그는 잭슨이 보여주는 전자석을 자세히 보고 있던 중 떠오르는 생각이 있었다.

'그처럼 빠른 전류를 이용하여 통신할 수 있는 기계를 만들 수는 없을까? 그러려면 전기의 흐름을 도중에서 눈으로 볼 수 있는 것으로 바꾸면 될 텐데, 그렇게만 된다면 아무리 먼 거리라도 한순간에 통신 할 수 있을 것이다.'

여기에까지 생각이 미치자 모르스는 당장에라도 자신의 생각을 연구하고 싶었다.

이윽고 모르스는 선실의 한 모퉁이에서 전신기의 설계에 들어가서, 여러 가지 전신기에 필요한 기계의 설계도를 그려보았다. 사리호가 계속 항해하는 동안 모르스의 설계도 점점 확실해졌고 배가 미국에 가까워질 무렵에 모르스의 설계도는 완성되었다.

그러나 모르스는 미국에 돌아온 지 오래 되었는데도 그의 전신기를 만들지 못했다. 모르스에게는 전신기에 관한 연구를 계속할만한 돈도 없었을 뿐만 아니라, 전기에 관한 충분한 지식도 없었던 것이다.

〈모르스가 발명한 전신기〉

그렇다고 설계도까지 완성된 상태에서 그만둔다는 건 모르스의 자존심상 있을 수 없는 일이었다.

모르스는 뉴욕 대학의 교수로 지내면서 학생들에게 그림과 조각을 가르치는 한편 틈 있는 대로 전신 연구를 계속했다. 모르스의 전신 연구는 연구가 계속될수록 전기에 관한 기초지식의 부족으로 여러 가지 어려운 문제에 부딪히게 되어 연구는 생각대로 되지 않았다.

모르스는 구리로 된 줄에 실을 감아 입혀서 전기가 흐르지 않는 선을 스스로 만들었고, 전지까지 손수 만들지 않을 수 없었다. 더구나 대장간에서 말발굽에 붙이는 쇠를 사다가 말발굽형의 전자석도 만들어야 했다.

모르스가 이처럼 전신기의 연구에 몰두하던 당시에 모르스의 어려움을 해결해 주고 그의 연구에 많은 조언과 도움을 준 사람은 같은 대학의 화학교수로 지내던 게르라는 화학자였다.

게르 교수는 전지를 만드는 방법이라든가 전자석에 대한 여러 가지 지식을 모르스에게 가르쳐 주었다.

전신기는 모르스가 발명해 내기 이전, 미국 내의 프린스턴 대학의 헨리 교수에 의해 발명되었다. 그러나 헨리의 전신기는 신호를 사용할 수 있을 만큼 멀리 보내지는 못했다. 헨리로부터 이러한 전자석에 관해서 배운 일이 있는 게르 교수였으므로 모르스의 연구에 큰 도움이 되었던 것이다.

모르스는 가난에 허덕이면서도 약간의 돈이 손에 들어오면 돈을 절약해 가면서 연구비로 썼다. 그런 노력과 끈기로 모르스는 마침내 열매를 맺게 되었다.

1844년 5월 24일, 지금으로부터 약 150여 년 전, 워싱턴에서 전신기를 실험하는 날이었다.

많은 구경꾼들이 새로운 발명의 실험을 보려고 모여들었다.

"신은 무엇을 만들어 내었느냐?"라는 말이 "따! 따따! 따! 따따!"의 신호로 워싱턴에서 64킬로미터나 멀리 떨어져 있는 볼티모어의 친구들에게 발송되었다. 이것이 모르스의 신호였다.

힌편, 볼디모이의 친구들의 전신기에시는 점과 선의 부호를 종이 테이프 위에 써내려가고 있었다.

볼티모어의 친구들은 그 모르스의 부호를 보고 다시 워싱턴으로 통신을 보냈다. 통신은 아주 짧은 시간 동안에 끝이 났다.

워싱턴의 많은 구경꾼들과 같이 모르스는 감격하여 환

호성을 올렸다.

그 후 모르스는 전류를 더 강하게 하여 아무리 먼 곳까지라도 전류를 보내는 방법을 고안해 냈다. 이리하여 한 화가의 끊임없는 연구는 전신기를 발명하여 먼 거리에서도 빠른 속도로 통신할 수 있는 전기통신시대를 이루게 했던 것이다.

전화기의 발명

우리들이 사용하는 전화는 참으로 대단한 것이다. 사람을 직접 보지 않고도 단추만 누르면 목소리를 생생하게 들을 수 있고 이야기도 나눌 수 있다. 그러나 이러한 전화가 발명된 것은 불과 100년이 조금 넘을 뿐이다.

전화는 알렉산더 그레이엄 벨이라는 음성학자에 의해 발명된 것으로, 벨이 전화를 발명하기까지는 생활이 어렵고 가난한 사람들을 생각하는 데에서부터 비롯되었다고 할 수 있다.

알렉산더 그레이엄 벨은 영국의 에든버러 대학에서 공부한 뒤에 런던 대학에 갔다.

그는 이 대학에서 30년 전에 전신기를 만든 적이 있는

〈벨이 발명한 전화기〉

알렉산더 글레이엄 벨

유명한 학자 휘드스턴 선생 밑에서 전기와 전신에 관한 공부를 했다.

당시 에든버러 대학의 교수로 있었던 벨의 아버지는 틈을 내어 불우한 귀머거리 소년, 소녀들을 모아 가르쳤다.

말 못하는 어린이들에게 알파벳을 발음할 때의 입 모양을 세심하게 가르치는 일은 아주 힘들었다.

귀머거리 어린이들은 그저 묵묵히 앉아서 흑판에 쓴 문자와 선생님의 입이 움직이는 모양을 보고 있을 뿐이었다.

아버지는 집에 들어와서 가끔 아들 벨에게 귀머거리

학교의 이야기를 들려주곤 했다.

"벙어리 어린이들은 정말 불쌍하단다. 그리고 그들을 가르치는 일이란 대단히 어려운 일이야."

이러한 아버지의 말에 벨은 언제나 깊은 관심을 기울이고 귀담아 들었다.

"그런데 말이야. 내가 말하는 입 모양을 보고 익혀서 약간 말할 수 있게 된 어린이들이 몇 명 있는데, 난생 처음으로 말하게 될 때에는 기뻐서 눈물까지 흘린단다."

이런 아버지 밑에서 자란 벨은, 대학을 졸업하자마자 아버지와 함께 캐나다에 갔고, 그 후 미국 여러 도시를 돌면서 자기 아버지가 고안한 교육방법으로 귀머거리들을 가르쳤다.

1872년, 보스턴시에 음성생리학을 가르치는 학교가 창설되자 벨은 이 학교의 선생으로 지내면서 귀머거리들을 가르치는 것은 물론이고 말더듬이들의 버릇을 고쳐 주었다.

벨은 그 다음 해에 교수가 된 후에도 벙어리 학교에 계속 나가서 불쌍한 어린이들을 가르쳤다.

"사람의 말소리란 정말 이상해. 보통 사람들이 말하는 것을 보면 아무렇지도 않은데, 벙어리들이 말을 하려고 그처럼 애쓰는 모습을 보면 사람의 목소리는 참으로 신기하단 말이야."

라고 하면서 벨은 말소리의 연구에 집중했다.

그는 고무로 사람의 목구멍과 비슷한 모형을 만들어서 바람을 불어넣는 장치를 가지고 공기를 고무 목구멍에 보내어 사람의 음성이 나오는 형태를 여러모로 관찰했다.

또한 벨은 죽은 사람의 고막을 구해서, 이 고막에 짚으로 만든 젓가락 한쪽 끝을 대고, 다른 한쪽 끝은 주석가루를 바른 유리판 위에 놓았다. 그리고 귀 바로 옆에서 노래를 부르면 고막이 울려서 유리판 위의 주석가루에 떨리는 곡선을 그리는 실험도 했다.

이렇게 벨의 음성에 관한 연구는 아버지에게서 들은 벙어리의 교육에 관한 참고 사항과 자신이 경험한 여러 가지 결과를 토대로 하여 한 걸음씩 미래를 향해 나아가고 있었다.

그러나, 당시에는 이미 모르스가 발명한 전신기가 많은 사람들의 관심을 끌고 있었다. 더욱이 벨이 아버지를 따라 캐나다로 간 그 해에는 대서양을 횡단하여 유럽과 미국을 연결하는 해저 전선이 가설되었다.

이와 같이 대서양을 건너 멀리 미국에까지 전신을 보낼 수 있었으나, 이러한 전신은 사람의 음성을 직접 전할 수 있는 것은 아니었고, 말을 부호로 바꾸어 보내는 것이었다. 그러므로 부호를 이해하지 못하는 사람은 사용할 수 없다는 단점이 있었다.

벨은 여러 실험을 통해서 목소리에 관한 그의 연구를 계속하는 동안, 이런 부족한 점을 해결하기 위해 남다른 관심을 기울였다.

"부호를 사용하지 않고 사람의 목소리를 그대로 전기로 보낼 수는 없을까?"

벨은 골똘히 생각하며 연구를 계속했다. 당시의 많은 학자들도 벨과 같은 생각으로 연구를 거듭했지만 아무도 성공한 사람은 없었다.

벨은 아파트의 지붕 밑 방과 지하실을 빌려 실험실을 만들고 왓슨이라는 젊은 조수와 함께 이의 연구에 들어갔다.

벨은 그 곳에서 여러 가지 기계를 만들어 실험해 보았으나 항상 실패만 거듭했다. 그러나 벨은 실망하거나 단

념하지 않았다.

어느 무더운 여름날, 벨은 평상시와 다름없이 공기가 잘 통하지도 않고 어둠침침한 좁은 지하실에서 기계를 만지고 있었다.

그런데 이상한 일이 일어났다. 기계에서 사람의 소리 같은 것이 가늘게 들리는 것이었다. 그 순간 벨은 놀라면서 일손을 멈추고 귀를 가까이 대고 들어보았다.

소리는 여전히 들려왔다. 벨은 그대로 벌떡 떨어나서 계단을 뛰어 지붕 밑까지 올라갔다.

지붕 밑에는 조수 왓슨이 역시 기계를 만지고 있었다.

"왓슨, 그 기계를 보여 주게. 틀림없이 자네 말소리가 들렸어."

벨은 왓슨이 만지고 있던 기계를 자세히 보고는 다시 지하실로 내려와서 아까처럼 다시 실험했다.

역시 틀림없는 사람의 말소리가 들려왔다. 그러나 그 소리는 너무나 약하고 떨려서 기계에 귀를 아무리 가까이 대어도 무슨 말을 하는지 알 수가 없었다. 이것에 용기를 얻은 벨은 그의 조수 왓슨을 격려하면서 연구를 계속했다.

벨은 사람의 말소리가 미치는 영향에 대해서 많은 것을 알고 있었지만 그의 앞에는 많은 고난이 가로놓여 있었다.

벨은 대학에서 학생들을 가르치는 것까지도 포기하고 연구에만 열심을 보였다. 많은 사람들과 친척들은 그런 벨을 터무니없는 짓으로 시간을 망친다고 생각했다.

"공연히 쓸데없는 고생을 도맡아 하고 있는 거지."

"전선으로 말한다구? 미친 장난을 하고 있군."

하고 비웃고 욕했다.

그러나 이러한 비웃음 속에서도 벨과 왓슨은 굳은 신념과 용기를 가지고, 잠도 충분히 못자면서 연구를 했다.

그 해의 여름, 가을, 겨울이 지나 새싹이 파릇파릇 하게 움트는 새봄이 찾아왔다. 계절이 바뀌는 것에도 관심이 없이 벨은 지붕 밑 방에서, 왓슨은 지하실에서 연구를 계속했다. 그러던 어느 날,

"왓슨, 이리로 올라오게."

벨의 목소리에 왓슨은 황급히 일손을 멈추고 방안을 둘러보았다. 그러나 지하실에는 자신 이외에 아무도 없었다.

"왓슨, 일이 있으니 올라오라니까."

어리둥절한 왓슨은 정신을 차리고 웬일인가 하고 살펴보니 자기 손에 쥐어 있는 수화기 속에서 들려오는 가느다란 벨의 목소리였다.

왓슨은 급히 수화기를 책상 위에 놓고 지붕 밑 방에 있는 벨에게로 뛰어 올라갔다.

"선생님, 들렸습니다. 선생님의 말소리가 너무나 분명히 들렸습니다."

벨과 왓슨은 교대로 지붕 밑 방과 지하실을 오르내리면서 실험했다.

"됐어, 이젠 됐어. 자네 고생을 많이 했네. 왓슨."

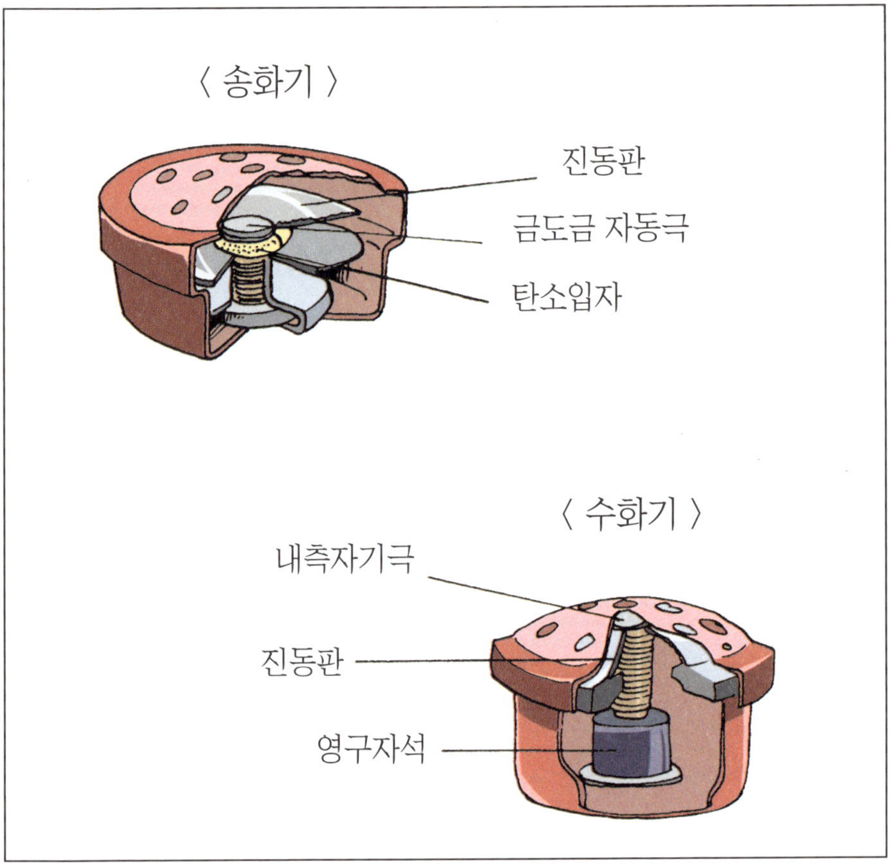

벨은 왓슨의 손을 잡고 그 동안의 고생을 위로했다.

이 때가 1876년 3월 16일이었다.

벨과 왓슨이 만든 전화기는, 쇠로 만든 못에 코일을 감고 그 앞에 얇은 철판을 놓은 간단한 장치였는데, 발신기의 철판이 진동하면 자석에 변화가 생기고, 그에 따라 코일을 통해서 수신기에 이어진 회로의 전류의 세기에 변화가 생기도록 만들어져 있었다.

처음에는 장난감처럼 조잡한 것이었으나 벨과 왓슨의 개량이 성공하여, 두 달 후에 개최되었던 미국 독립 백년 기념제의 전람회에 출품하여 대단한 관심을 모았다.

벨의 전화기는 그 후에 에디슨이 더 멀리에서도 들을 수 있도록 개량했다.

오늘날 우리가 사용하고 있는 전화기는 에디슨이 개량한 전화기를 토대로 계속 발전한 것이다.

그런데 전화는 어떻게 작동되는 걸까? 가느다란 줄 속에서 말들이 진동하여 전달될까?

전화는 소리를 직접 전달하지는 않는다. 그런데도 불구하고 우리는 수백 킬로미터 떨어진 곳에서도 이야기하는 소리를 듣는다.

전화를 통해서 우리는 매일 이야기를 나누지만, 전화기의 작동이 어떻게 이루어지는지는 잘 모른다. 그러므로 이제 그 과정을 알아보사.

전화 시설은 2개의 마이크로폰 (전화나 라디오의 송화기와 같이 음파를 음성전류로 바꾸는 장치(마이크))와 2개의 증폭기(입력 신호의 에너지를 크게 해서 출력 신호로 내는 장치. 보통 엠프라고도 한다. 즉 마이크에서 음파가 들어오면 작은 신호를 스피커처럼 크게 내준다.)로 구성되어 있다.

마이크로폰에는 작은 탄소 입자로 채워져 있는 작고 둥근 상자가 있다. 얇은 금속 원판으로 된 진동판이 그 상자의 뚜껑으로 되어 있다. 우리가 그 마이크로폰 속에 이야기를 하면 목소리의 음파는 진동판을 진동시킨다. 그러면 진동판의 진동은 잠시 동안 탄소 조각을 누른다.

우리의 전화를 상대방의 전화와 연결해 주는 전화선은 유선 회로(전신줄)에 의해 이루어진다.

진동판이 탄소 입자를 누를 때마다 유선 회로에는 더 많은 전기가 흐른다. 그 탄소 입자가 느슨해지면 더 적은 전기가 흐른다.

이와 같이 전화기의 유선 회로 속에서 전기 흐름의 강도는 진동판의 진동에 따라 순간적으로 변한다.

증폭기 속에는 하나의 진동판이 있는데, 이것은 자석 위에 놓여 있다. 자석이 진동판을 자극하는 힘은 전류의 크기에 따라 변한다. 즉 당기는 힘이 커지면 자석 위에 있는 진동판이 움직이고 당기는 힘이 작아지면 진동판이 자석에 의해 계속 진동한다.

진동판의 이러한 움직임은 소리처럼 들리는 공기의 파동을 만든다. 마이크로폰에서 진동판의 진동은 진류의 흐름을 결정하기 때문에, 그것은 증폭기의 진동판의 경우와 똑같은 진동을 일으킨다. 그 때문에 증폭기를 떠나는 음파는 마이크로폰이 잡는 음파와 똑같다.

그러므로 우리는 소리가 직접 전선에 의해 간 것처럼 상대방의 목소리를 듣게 되는 것이다.

무선 전신기

1886년, 당시 12세의 어린 소년 마르코니는 유명한 과학자 리히 교수의 실험실에서 일하고 있었다.

소년인 마르코니는 리히 교수가 손에 잡고 있는 쇠고리를 크게 놀란 눈으로 보고 있었다. 마르코니의 바로 앞에 있는 쇠고리의 양쪽에는 금속으로 만든 구슬이 붙어 있고, 그 사이는 약간 떨어져 있었는데 두 구슬 사이에서 푸른 진지의 불꽃이 번쩍거리며 튀고 있있다. 그리고 그와 동시에 1미터 정도 떨어진 곳에서 리히 교수가 쥐고 있는 쇠고리에 붙은 구슬 사이에서도 작은 불꽃이 튀고 있었다.

"선생님, 이게 무슨 일이에요?"

하고 마르코니는 눈을 휘둥그래 뜨며 물었다.

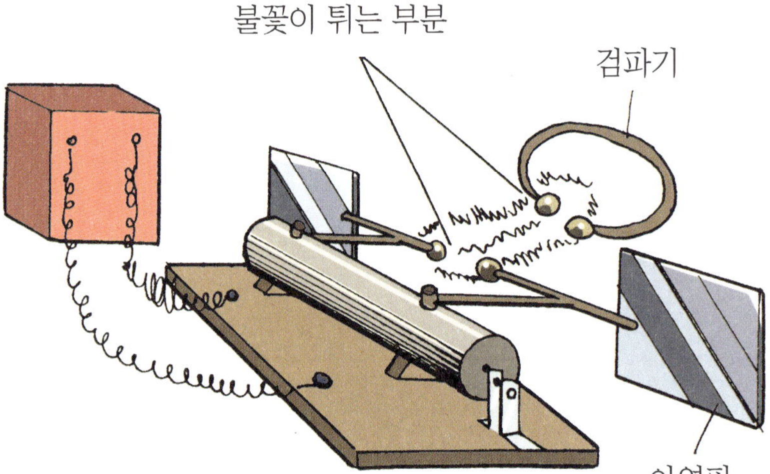

〈헤르쯔의 전파실험〉

"그렇게 신기할 거 없다, 마르코니. 전기의 불꽃이 튈 때는 언제나 그 고리의 주위에서 전파라는 것이 나오는 거야. 이러한 전파가 있다는 것은 벌써 20년 전에 영국의 맥스웰이라는 물리학자가 발견했었지. 지금 내가 해보인 실험은 이미 독일의 헤르츠라는 물리학자가 얼마 전에 한 것을 다시 해본 것에 불과하단다."

그러나 마르코니는 도저히 알아들을 수 없는 소리였고 "전파?"하고 중얼거릴 뿐이있다.

어쨌든 마르코니는 그 실험이 참으로 신기하게 느껴졌고 청년이 되어서도 잊혀지지 않아 머리 속에 깊이 새겨졌다.

그 실험으로부터 몇 년이 지나 20세가 된 청년 마르코니는 그 요술처럼 신기한 전파를 더욱 연구하여 생활에 이용해 보겠다는 결심을 하였다. 그리하여 매일같이 전파에 대하여 생각하기 시작했다.

"미국의 모르스가 전신기를 발명한 지 벌써 60년이 지났는데, 아직도 전선이 없으면 통신을 할 수가 없다. 만약 전선 없이 신호를 보낼 수 있다면 얼마나 편리할까? 전파로 신호를 보낼 수는 없을까? 어쩌면 이미 누군가가 연구를 시작하고 있을지도 모르겠군."

하고 그는 염려했다. 불안한 마음으로 마르코니는 어느 곳에서 전파를 연구하는지 알아보았다. 그 결과 아무도 미르고니와 같은 생각을 하고 있는 시람은 없디는 것을 알게 되었다. 마르코니는 뛸 듯이 기뻐서 자신이 전파를 꼭 연구할 것을 결심했다. 그리하여 시골의 한 곡식창고를 실험실로 꾸미고 연구를 시작했다.

옛날 소년 시절에 본 헤르츠의 실험에서는 전파가 나간 거리가 약 1미터였다. 그러므로 전파가 더 멀리 보내

질 수 있는 방법을 연구하면 되는 것이었다.

마르코니는 불꽃이 튀는 금속 구슬에 철사를 붙여서 한 개는 공중에, 다른 한 개는 땅에 묻으면 전파가 더 멀리 갈 수 있을 것이라고 생각했다.

이러한 생각을 실험해 보기 위하여 마르코니는 전파의 발신기(전파를 보내는 곳)를 창고의 밑에 묻고, 전파를 받는 수신기를 마당 끝에 놓았다. 그리고 철사에 안테나를 연결한 것을 나뭇가지에 드리우고 전파를 받으면 소리를 내는 장치를 수신기에 붙였다.

그리하여 발신기에 전기의 불꽃이 튀기면 수신기에 전파가 전해지는 것을 알게 되었다. 그러나 전파가 멀리까지 보내는 것이 그의 목표였으므로 끈기 있는 연구를 계속했다.

그 결과 마르코니는 공중에 내어놓은 철사(수신기)를 높이 하고, 안테나를 크게 할수록 전파가 더 멀리 간다는 사실을 발견했다.

마르코니는 마을 청년을 조수로 하여 이 발견을 구체적으로 실험해 보기로 하였다. 그리하여 수백 미터 떨어진 마을 언덕 위에 수신기를 옮겨놓고 조수에게 수신기가 있는 곳에서, 신호가 오면 손수건을 흔들도록 했다.

마르코니는 곧 창고 속에서 발신기의 스위치를 누르면서 언덕 위의 조수를 바라보았다. 그러자 조수의 손수건이 높이 흔들리는 것이 보였다.

마르코니의 생각이 옳다는 것이 확인된 것이었다.

그러나 마르코니는 이것에 만족하지 않고 이번에는 골짜기에서 실험을 해보기로 했다.

수신기를 산골짜기에 옮겨놓고 조수에게 총을 주면서, 전과 같이 수신기에서 "딱 딱"소리가 나면 총을 쏘아서 신호하도록 했다.

마르코니가 발신기의 스위치를 누르자 조수의 총소리가 들렸다.

마르코니의 기쁨은 이루 말할 수 없었다. 이제 모든 것은 성공한 것이다.

마르코니는 이 새롭고 놀라운 발명에 대한 특허를 이탈리아 정부에 신청했다. 그러나 이탈리아 정부는 그의 발명을 터무니없는 거짓말이라고 몰아붙이고 실험도 보려고 하지 않았다.

마르코니는 자신의 무선전신이 이탈리아 정부에게서 무시당했다는 사실에 커다란 실망을 느꼈다. 하지만 마르코니는 거기에서 주저앉지 않고 1896년에 어머니와 함께 고국인 영국으로 건너갔다.

마르코니는 영국의 소르스페리라는 벌판에서 많은 사람들이 지켜보는 가운데서 실험을 하였다.

그의 실험은 3킬로미터 떨어진 두 곳에 무선전신을 보내 자신의 실험을 증명해 보이는 것이었다.

이 실험의 성공으로 영국정부는 곧 마르코니에게 특허를 내주었을 뿐만 아니라, 마르코니의 연구를 적극적으로 후원해 줄 것을 약속했다.

그리하여 마르코니는 1897년 5월에 프리스틀 해안에

영국
대서양
큰 안테나가
없으니, 연을
띄우자
캐나다

서 13킬로미터나 떨어져 있는 작은 섬 사이에서 두 차례의 실험을 성공하였다.

이 실험이 성공하자 마르코니는 영국 정부에 대서양을 사이에 둔 유럽과 미국의 무선전신 실험을 하겠다는 신청을 하여 곧 이것을 허락받았다.

1900년 10월부터 이 역사적인 실험을 위한 준비가 시작되었다.

이 실험은 대서양이 바라다 보이는 콘월주에 높이 60미터가 되는 전신주를 20개 세우고, 그 위에 안테나를 가설한 거대한 발신소를 건설하는 것부터 시작되었다.

한편 캐나다의 뉴펀들랜드라는 큰 섬의 언덕 위에 세워진 수신소는 만족할 만한 높은 안테나가 못 되었다. 그러므로 연에 철사를 매달아 공중에 날려 안테나 대신으로 사용하였다.

이렇게 모든 준비를 마친 마르코니는 발신소에서 일하는 사람들에게 매일 저녁 정해진 시간에 짧은 신호를 세 번씩 보내주기를 부탁하고 캐나다로 갔다.

1900년 12월 6일의 밤. 바람이 알맞게 불어 안테나에 맨 연도 밤하늘에 높이 올라갔다.

실험 시간이 다가오자 마르코니는 수신기에 귀를 대고

초조한 마음으로 신호가 오기를 기다렸다. 한참을 기다렸으나 수신기에서는 아무 소리도 들리지 않아 혹시 기계에 고장이라도 나지 않았는지 걱정이 되었다.

기계의 이곳 저곳을 자세히 조사해 보았으나 잘못된 곳은 아무 데도 없었다.

마르코니는 실망해서 어쩔 줄을 모르고 있었다. 그 때였다. 딱딱, 딱딱딱 하는 소리가 틀림없이 수신기에 들려왔다. 시간은 밤 12시 30분경이었다.

마르코니는 수신기에 귀를 더욱 바짝 댔다. 여전히 똑같은 소리가 들렸다. 마르코니는 조수를 불러 자신이 혹시 잘못 듣고 있는 것은 아닌지 확인을 했다. 조수 역시 마르코니와 같은 소리를 듣게 되었고, 두 사람은 기뻐서 어쩔 줄을 몰랐다.

수신소의 여러 사람들도 모두 기쁨에 넘쳐 서로 얼싸안고 뛰었다. 그리고 이 소식을 전보로 알리자고 독촉했다. 그러나 마르코니는 빨리 알리는 것이 중요한 것이 아니고 더 확실한 것을 확인하는 것이 중요하다고 생각했다.

그 이유는 세상 사람들이 자신의 신기한 발명을 믿지 못하고 있었기 때문이었다. 그래서 수신소의 사람들에게 1주일 계속하여 대서양을 건너오는 신호를 듣게 하고 다시 확인을 했다.

그리하여 12월 14일, 마르코니는 비로소 무선전신의 대서양 횡단 성공에 대한 역사적인 발표를 하였다.

이로써 1초 동안에 2억 미터나 전달되는 전파를 통신

등에 이용할 수 있는 무선통신시대가 열린 것이다.

마르코니의 무선전신 발명이 성공한 4년 후, 영국의 플레밍은 진공관(공기가 전연 없는 전자관으로 무선통신 방송에 쓰인다)을 발명하고, 1907년에 미국의 드보레는 이 진공관을 개량하여 오늘날의 라디오 텔레비전이 탄생할 수 있도록 하였다.

우리들이 가장 잘 알고 있는 무선전파는 라디오 텔레비전, 워키토키 등이다.

라디오

소리의 속도는 1초에 300여 미터인데 비해 무선전파의 속도는 빛의 속도와 같기 때문에 1초에 30만킬로미터를 나아간다.

그렇다면 세종 문화 회관에서 피아노 연주회를 할 때, 피아노에서 10미터 떨어진 곳에서 직접 소리를 사람과 피아노에서 100킬로미터 떨어진 자기 집에서 라디오를 통하여 듣는 사람 중에 누가 먼저 피아노 소리를 들을 수 있을까?

언뜻 생각하기에는 연주실에 있는 사람이 더 빨리 들

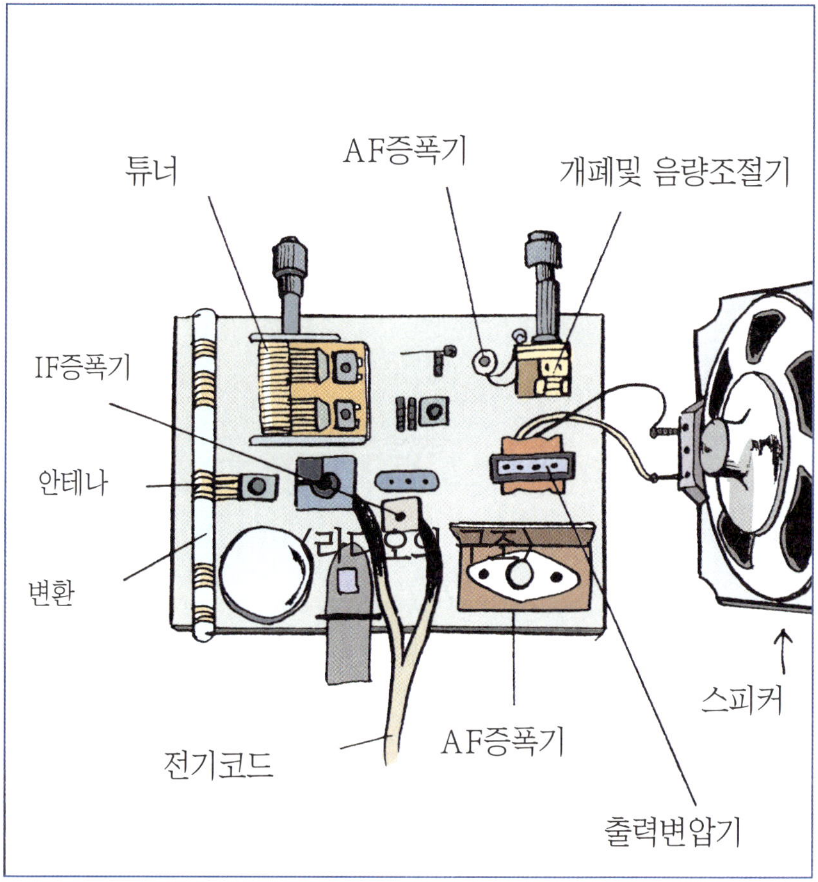

을 수 있을 것 같지만 이상하게도 집에서 라디오 소리를 듣는 사람이 연주실에 있는 사람보다 먼저 음악 소리를 듣게 된다.

그 이유는 앞에서도 말했듯이 무선전파가 빛의 속도로 나아가기 때문이다.

무선전파는 100킬로미터를 1/3000초로 지나고 공기 중에서 소리는 1/3초가 걸린다. 그러므로 집에서 라디오를 듣는 사람이 음악실에서 듣는 사람보다 훨씬 빨리 들을 수 있는 것이다.

그런데 라디오에 수신되는 전파는 어떻게 라디오에서 소리를 내게 하는 것일까?

무선 전파는 공기 중에 떠다닌다. 그리고 안테나 위에서 라디오 수신기에 닿으면 다시 음파로 변한다.

마이크로폰에 잡힌 음파는 여러 가지 전기적 충격을 발생시킨다. 이 전기 충격은 전선을 통과하는데 직접 라디오로 가는 것이 아니라 전기 충격을 라디오 음파로 바꾸고, 그 다음에 수신기로 간다.

녹음기

약 100년 전만 해도 우리는 음악가의 연주회를 들으려면 음악회나 가야 들을 수 있었다. 그러나 오늘날 우리는 전축과 녹음기를 이용해 듣고 싶은 말이나 음악을 몇 번이고 들을 수 있다.

우리가 어느 장소에서라도 음악을 들을 수 있도록 소리를 기계에 잡은 사람은 누구일까?

1877년 미국의 발명가 토마스 에디슨은 나무로 된 태엽 상자에 주석으로 된 줄을 감았다. 태엽 상자는 끝부분에 고정된 손잡이를 사용해서 돌릴 수 있었다.

그 후 에디슨은 금속 진동판이 있는 좁은 장소에 나팔을 넣었다. 그리고 그 장소에 하나의 바늘을 고정시켜 놓았는데, 그 끝은 정확하게 주석판 위에 있었다. 에디슨은 손잡이로 태엽 상자를 돌린 뒤 나팔 앞에서 동요를 불렀다.

"마리아는 새끼양 한 마리를……."

에디슨의 목소리 음파는 진동판을 진동시켰고 그 진동판은 다시 바늘을 이리저리 움직이며 소리의 진동에 따라 주석판 위에 바늘이 긁은 자국을 남겼다.

노래를 끝마친 에디슨은 바늘의 긁혀진 선이 시작한 곳에 바늘을 다시 놓고 손잡이를 돌렸다. 그러자 선을 따라 바늘이 돌아가고 진동판이 진동하며 나팔에서는 에디슨의 노랫소리가 가늘게 울려 나왔다.

이렇게 해서 축음기가 발명되었다.

후에 주석으로 된 판은 납석판으로, 그리고 원통은 평평한 원판으로 바꾸어졌다.

에디슨에 의해 만들어진 축음기는 1920년에 이르러서는 약간의 변화가 생겼다.

이 때의 축음기는 마이크로폰에서 전기 충격으로 변한 소리가 바늘을 움직이는 자석의 당기는 힘에 작용하여 바늘이 전축의 합성 수지층에 홈을 판다. 그리고 주석판에는 처음에는 강해졌다가 그 다음에는 진정되는 금속 덮개가 준비되어 이 덮개가 지형(주석판의 홈을 누른 것으로 그 홈이 들어가고 나온 부분이 주석판의 홈과 같다.)을 만들고, 거기에서 다시 압축 지형이 만들어진다.

전축판이 돌아가면 바늘은 마이크로폰처럼 작용하는 기계에 연결된다. 그 기계는 바늘의 움직임을 충격으로 바꾸고 그 충격을 자석에 보내 그것으로 확성기에 음이 만들어지도록 한다.

소리를 녹음할 수 있다는 획기적인 발명품 전축은, 소리를 녹음하는 데 무척 복잡한 과정을 거치는 결점이 있었다. 이러한 결점을 메꾸기 위해 새로이 등장한 것이 바로 테이프 레코더이다.

전축은 보통 사람들이 사기에는 값이 꽤 비쌌고, 전축판도 당시로서는 엄청난 가격이었다. (해방 후 우리 나라의 집에는 한 마을에 거의 한 대 정도의 라디오가 있었다. 이보다 더 비쌌던 전축은 동네에서 큰 부자나 가질 수 있는 무척 비싼 것이었다) 또한 보통 전축의 판은

(그림A) 소자헤드와 녹음 재생헤드

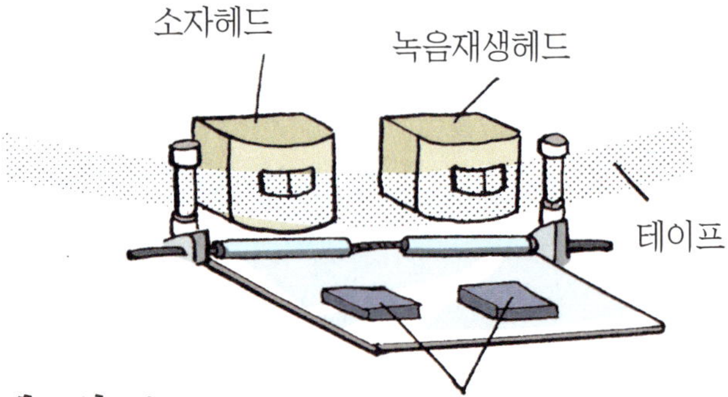

(그림B) 헤드의 구조

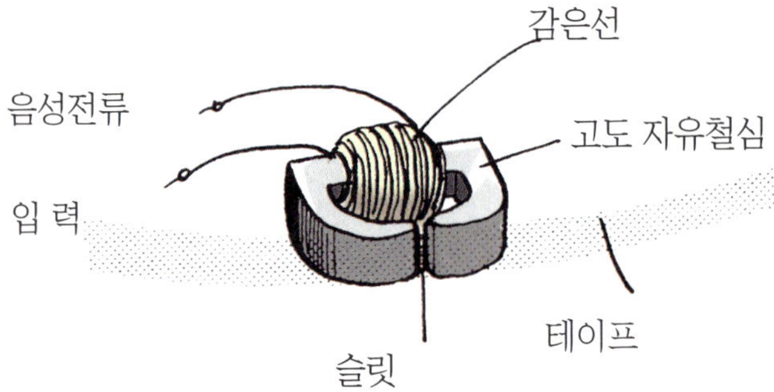

공장에서 판에 홈을 따라 음악을 기억시켜 놓기 때문에 다른 음악을 듣고 싶으면 또 다른 레코드 판을 사야만 했다.

때문에 값도 싸고 취급도 편리한 테이프 레코더는 많은 사람들의 시선을 끌었다. (그러나 테이프 레코더가 대중화 된 시기는 1980년이 넘어서였다) 그리고 테이프 레코더의 가장 큰 장점으로는 라디오에서 들려오는 소리를 비롯해서 집에서 일어나는 일도 쉽게 녹음하고 지울 수 있다는 것이다.

이렇게 우리가 손쉽게 사용하고, 이용이 가능한 테이프 레코더이지만 우리는 이 레코더의 구조를 잘 모르고 이용한다. 이 기회를 통해서 레코더와 테이프의 구조를 간단히 알아보도록 하자.

여기에서는 소리를 녹음하는 구조가 비교적 간단한 소형 녹음기를 살펴보도록 하겠다.

녹음기는 보통 테이프를 보내는 기기와, 되돌리기 기기, 마이크, 증폭기, 초음파 발진기 및 녹음 재생 헤드, 소자 헤드(소리를 지우는 헤드)로 이루어져 있다.

녹음 재생 헤드와 소자 헤드는 그림 A와 같은 구조로 만들어져 있다.

이것들은 높은 도자율(전기가 흐르도록 유도하는 힘)의 철심에 전기가 통하지 않는 선을 감았다. 슬릿의 간격은 몇 마이크로(1미터에 대한 100반분 분의 1)에 불과하다.

녹음 테이프는 펠트로 눌려져서 녹음 재생 헤드의 표면을 미끄러지면서 이동한다.

자기 녹음기의 녹음 재생 구조는 그림 C에서 보는 것과 같다.

(그림C) 녹음기의 구조

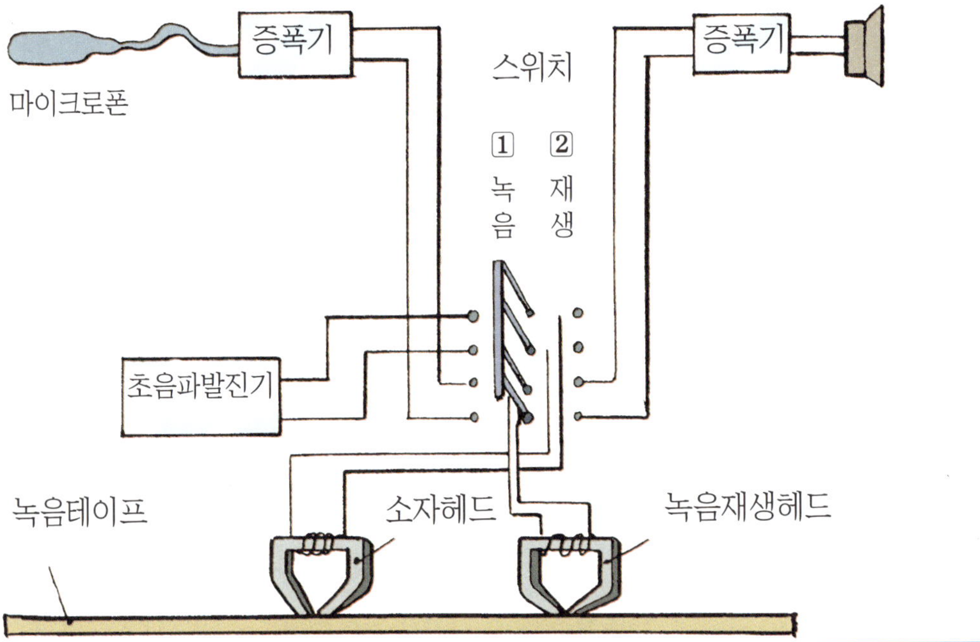

소자 헤드에는 초음파 주파수(초음파는 사람의 귀에는 들리지 않는다)의 전기 진동 발생기가 맺어져 있다. 이 전기 진동 발생기가 작용하면 소자 헤드에 초음파의 자기장이 발생한다.

스위치를 녹음 ①쪽으로 젖히면 녹음하는 음성은 마이크에서 전기의 흐름(크기와 세기가 포함)으로 바뀌어져 증폭기로 강하게 녹음 재생 헤드로 가게 된다. 즉, 녹음 헤드에는 음성파(음성의 흐름)에 맞춘 기계가 만들어져 있다.

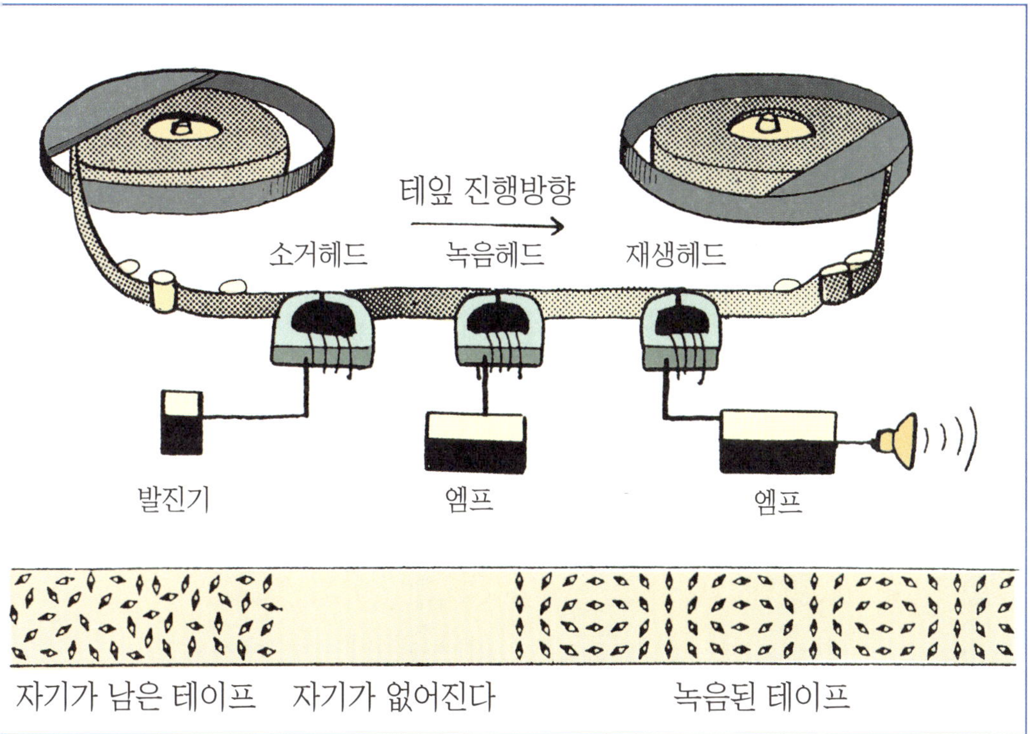

녹음 테이프를 왼쪽에서 오른쪽으로 이동시키고, 소자 헤드의 위를 테이프가 미끄러지면서 이동하면 원래 있던 녹음 신호는 지워져 버린다.

지워진 테이프가 녹음 재생 헤드의 위치에 오면, 그곳에서는 테이프 위에 음성에 맞춘 자기의 신호파가 기록된다.

녹음이 끝난 뒤 재생시킬 때에는 테이프를 되돌려 감아서 녹음 재생 헤드를 테이프가 미끄러진다. 이 자기를 띤 테이프는 전기 신호를 증폭하여 스피커를 작용시키고 음성을 재생시키게 된다.

이렇게 해서 우리는 소리를 듣게 된다.

그런데 테이프에는 어떤 부분이 있어서 소리를 기억시키는 것인가?

보통 사용되는 테이프는 진한 커피색을 띠면서 소리를 녹음하는데, 그 얇고 가는 테이프에는 약 1시간 정도의 온갖 소리를 녹음할 수 있다.

이렇게 신기한 테이프가 만들어지기까지는 꽤 오랜 시간이 걸린 데 비해 그 구조는 비교적 간단하다.

테이프는 플라스틱 테이프(폴리에스텔)에 영구자석이 되는 강자성체 산화철 가루를 칠한 것으로 만들어져 있다.

음성파에 따라서 변화하는 헤드(재생 헤드, 소자 헤드) 위를 테이프가 미끄러질 경우에는, 아주 작은 영구 자석의 흐름이 테이프 위에 기록되는 것이다.(즉 소리의 크기를 전류의 강약으로 변화시킴으로써 소리가 녹음되는 것이다.)

소리를 녹음해 보자

에디슨에 의해 발명된 축음기를 선두 주자로 소리의 녹음은 많은 발전을 거듭하여 오늘날에는 어느 자리에서건 손쉽게 녹음을 할 수 있게 되었다.

녹음은 집에서 쉽게 할 수 있다. 간혹 장난이라도 치려고, 아버지가 주무시는 방에 가서 코고는 소리도 녹음하고 부엌에서 어머니가 칼도마를 "똑똑"거리는 소리, 찌게가 "보글보글" 끓는 소리를 녹음할 수도 있다.

이렇게 녹음된 소리를 나중에 재생해서 들으면 참 재미있다. 그런데 귀로 들을 때는 듣기 좋은 재미있는 소리라도 녹음된 소리를 들어보면, 소리가 형편없이 작고 잡음이 많은 경우가 있다.

보통 우리가 생활하는 집에서는 주위에서 나는 잡음이 적으므로 녹음이 잘 되지만, 야외에 소풍이라도 가서 계곡의 흐르는 물소리를 녹음하면, 시끄럽게 직직 끓는 소리가 들린다.

야외에서의 녹음 소리가 시끄러운 이유는 여러 가지 소리 중, 원하는 소리만 녹음하는 것이 어렵기 때문이다.

여러분이 만약 야외에서 소리를 녹음하고 싶다면 다음과 같은 것들을 생각해야 할 것이다.

우선 녹음하는 대상의 소리가 큰 것, 녹음을 위해 가까이 다가갈 수 있는 것, 녹음이 잘 안되었다고 생각되는 것을 다시 녹음할 수 있도록 그 소리가 계속되는 것이어야 한다.

그리고 녹음에 필요한 것들은 테이프와 레코드, 마이크 이어폰 이 네 가지만 있으면 된다.

많은 사람들은 대부분 겉모습이 멋지고 장식이 많이 달린 큰 녹음기를 들고 다니기를 좋아하지만, 그런 멋진 녹음기는 야외에서 들고 다니기에는 불편할 뿐만 아니라 흠집이 생기기 쉽다. 그러므로 최근에 고장난 적이 없는 것이라면 소형 녹음기를 가지고 녹음하는 것이 좋다.

준비물이 모두 준비되면 녹음할 대상물을 찾고 이어폰(혹은 작은 헤드폰)을 통해서 소리를 들어본다. 그리고 소리가 괜찮으면 마이크를 가까이 가져간다.

만약 이어폰을 끼지 않고 눈으로 보기만 하고 그 자리에서 녹음한다면 "졸졸" 흐르는 개울물 소리가 여러 가지 직직거리는 잡음과 같이 들린다.

이렇게 귀로 듣는 소리와 녹음된 소리가 다른 이유는, 사람이 귀로 들을 때는 눈이 그 대상을 보고 있으므로 그 소리만 골라내어 듣기 때문이다. 즉 눈은 물방울이 튀는 것을 보고 있는 관계로 귀가 아무래도 그것을 강하게 들어 버리고 만다.

이런 이유들로 우리는 시끄러운 전철이나 버스 안이라

해도 친구들과 이야기할 수 있고, 시끄러운 봉제 공장에서는 바늘이 떨어지는 소리를 들을 수 있는 것이다. 그러나 마이크는 눈으로 보는 기계가 아니므로 개울 소리 전체를 평등하게 잡아 버린다. 그러므로 녹음된 소리는 실지로 듣는 소리와는 다르게 되는 것이다.

그러므로 녹음할 때는 주위에 신경을 써서 주위에서 들리는 여러 가지 소리를 생각해 두어야 한다. 그리고 둘레의 소리 중에서 자신이 녹음하고자 하는 소리의 근원지를 확인한 뒤, 마이크를 귀보다 훨씬 목표물에 가까이 가져간다. 모든 것이 준비가 다 되었다고 생각되면, 이번에는 이어폰을 통해 마이크로부터 들리는 소리를 들어본다.

만약 이어폰을 통해 들리는 소리가 튀김을 튀기는 것처럼 "투닥"거리거나 "지지직"거리면, 그것은 마이크를 소리나는 곳에 너무 가까이 했기 때문이다. 그러므로 그럴 때에는 마이크를 다시 조정한다.

우리의 주위에는 여러 가지 녹음거리가 많이 있다.

그 중에서 우리가 잘 아는 동물들의 소리를 직접 녹음해 보도록 하자.

그리고 녹음에 앞서, 녹음하려는 동물의 습성을 조금

은 알고 녹음을 하는 것이 좋고, 되도록이면 부모님들과 같이 녹음하면서 자연을 이야기하는 것도 좋겠다.

살아있는 동물의 녹음으로는 한여름에 쉽게 볼 수 있는 개구리와 매미의 녹음을 하도록 하자.

우리가 잘 아는 개구리는 시골 어디라도 가면 쉽게 볼 수 있다.

개구리라고 하면 우리는 언제나 시끄럽게 울어대는 말 안 듣는 청개구리가 생각난다. 그러나 개구리는 우리가 생각하는 것만큼 자주 우는 동물은 아니다.

개구리는 보통 장마철이나 짝짓기 할 때를 빼고는 거의 울지 않는다.

만약 여러분이 개구리를 한 마리 잡아서 그 소리를 직접 녹음하려면 몇 날을 기다려도 개구리 울음 소리는 들을 수 없을 것이다. 그만큼 개구리는 잘 울지 않는다. 그러므로 개구리의 소리를 녹음하려면 선선한 바람이 부는 초저녁에 개구리를 찾는 것이 좋다.

일단 개구리를 찾고 나면 주의 깊게 마이크를 개구리 가까이 조심스럽게 밀어두거나 대나무 장대 따위로 마이크를 늘어뜨리는 것도 좋은 방법이다.

개구리는 비교적 다른 종류와 함께 우는 일이 적어서 녹음하는 데 그다지 어려움은 없다. 그러나 대개의 개구리가 물가에 많으므로, 물소리의 잡음이 같이 녹음되지 않도록 물 흐름이 적은 곳을 찾아서 녹음한다.

매미의 녹음은 개구리의 녹음에 비해 좀더 까다롭고 어려운 편이다.

개구리는 땅이나 풀숲에서 쉽게 볼 수 있지만, 매미의 경우 높은 나무에 올라가서 울고 또 아주 짧은 시간 동안 울다가 그친다.

그러나 용기를 내서 매미의 울음소리를 녹음해 보도록 하자.

매미의 울음을 녹음하려면 우선 매미를 찾아보고, 원하는 매미 울음소리가 들리면 조심스럽게 행동해서 매미가 날아가지 않도록 한다.

매미의 울음소리를 녹음하기 위해서는 마이크를 손수건으로 싸고 장대에 매단다. 그리고 장대를 높이 들어올려서 매미 가까이에까지 가져간다. 이것은 매미 한 마리만을 목표로 다른 소리가 들어가지 못하게 하려는 것이다. 만약 매미가 합창을 하면서 울고 있다면 2~3미터의 거리를 두고, 매미 한 마리는 마이크 앞에 두어서 합성으로 녹음한다.

특히 풀벌레의 경우 울음소리의 크기가 작다고 해도 마이크를 30센티 이상 가까이 가져가서는 안 된다.

왜냐하면 풀벌레 울음소리뿐만 아니라 바람에 잡초가 흔들리는 "사각"소리와 섞여서 구분이 안 되기 때문이다.

원하는 녹음이 모두 끝나면 장소, 일시, 환경 등을 정확히 메모하도록 한다.

이런 동물들의 소리가 녹음이 잘 되면 더 어려운 녹음도 할 수 있다.

그러나 이러한 동물들의 녹음은 자연에서 이루어지므로 위험과 어려움이 있다. 녹음을 하기 전에는 어른들께 허락을 받고, 아무 곳이나 함부로 가지 않으며, 계획을 짜서 할 수 있도록 해야 한다.

아무리 좋은 생각과 재료가 있다고 해도 계획도 짜지 않고 어른들에게 허락도 받지 않으면 좋지 않은 일이 일이날 수도 있다.

소리를 알아보는 공작기구

실전화

빈 야쿠르트 병이나 종이컵을 이용해서 실전화를 만들어 보기로 하자.

이깃들로 만들어진 진화기는 우리가 실제로 사용하는 전화처럼 이웃 동네나 친구에게 전화할 수 있을 정도는 아니다. 그러나 옆방에 있는 동생하고라면 아주 충분히 잘 들린다.

자, 그러면 이제 전화를 만들어 보자.

그림 I과 같이 종이컵 밑바닥에 구멍을 뚫고 실을 묶

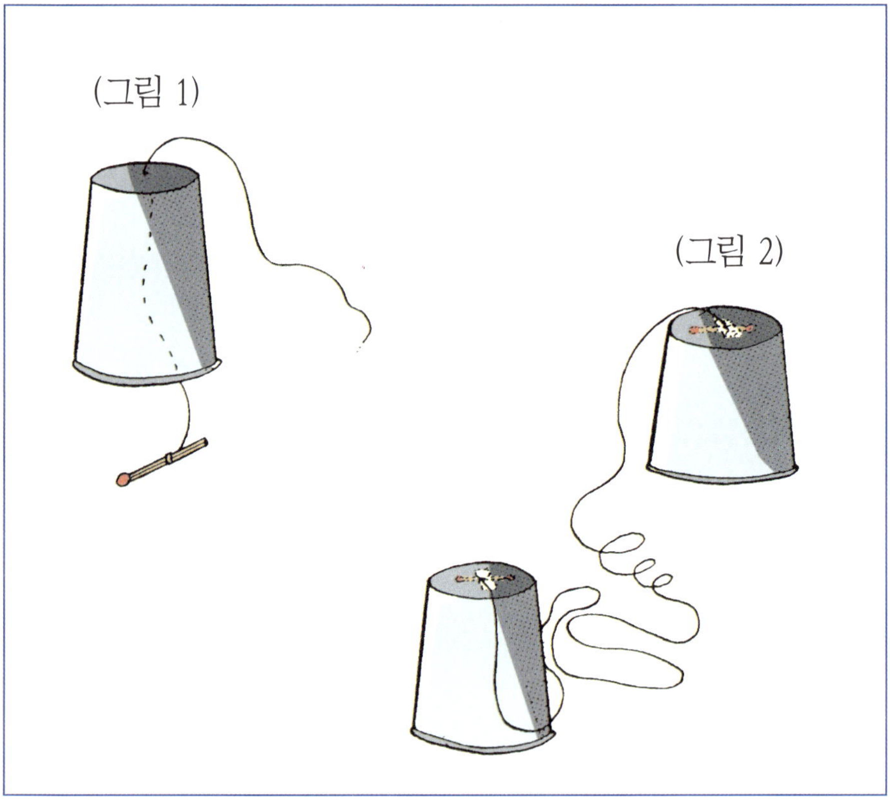

은 성냥개비를 종이컵 속에 넣는다. 그리고 종이컵 안에 성냥개비가 이리저리 움직이거나 빠지지 않도록 테이프를 붙여 둔다.

이 때 전화기의 역할을 잘 해내려면 좋은 실을 이용해야 한다.

왜냐하면 소리는 실을 따라 전해지기 때문이다. 가장 좋은 실은 합성섬유로 된 낚싯줄이지만 나일론 실도 나쁘지는 않다. 가장 좋지 못한 것은 보통의 무명실이므로 될 수 있으면 그런 것은 사용하지 않도록 한다.

실의 길이는 10~15미터쯤 필요하다. 물론 실을 짧게 해도 좋지만, 그렇게 하면 상대방의 소리가 직접 들려오는지 전화를 통해서 들려오는지 구별할 수 없기 때문이다.

실전화가 완성되면 수화기의 한쪽을 들고 다른 한쪽은 상대방에게 넘겨주어서 실이 팽팽해지도록 멀리 떨어진다. 그리고 시험으로 통화를 해보자.

"여보세요, 지금 전화 시험 중입니다! 여기는 전화국, 지금 전화 시험 중……."

테스트가 끝나면 소곤소곤 이야기를 나누어 보도록 한다.

실전화는 15미터나 떨어져서 말을 하는데도 가까이에서 말하는 것처럼 들린다.

실전화의 줄을 느슨하게 하면 어떻게 들릴까? 처음 것보다는 작게 들리지만 그래도 들린다. 그러나 실에 손이라도 걸치면 이 전화는 말이 한마디도 들리지 않게 된다. 왜 그럴까?

실전화의 줄에 손이나 다른 물체가 닿으면 소리가 없어지는 것은 실이 손에 의해 진동을 방해받기 때문이다.

우리가 만들었던 실전화는 우리의 목소리가 실의 진동을 따라 상대방에게 전해졌으므로 말소리가 들린 것이다.

우리가 골목길을 가다가 막다른 골목에 다다르면 앞으로 더 나아가지 못하는 것처럼, 실의 진동도 손이나 그 밖의 다른 물체가 막다른 골목처럼 버티고 있으므로 앞으로 더 나아가지 못하는 것이다.

사물놀이 때 가장 앞에서 가늘고 맑은 소리를 내는 꽹과리를 두드려 본 적이 있다면 잘 알 수 있을 것이다.

꽹과리를 한 손으로 꼭 쥐고 두드리면 소리는 둔하게 나고 얼마 울리지도 않는다. 그러나 꽹과리에 달려 있는 줄을 붙잡고 두드리면 소리는 경쾌하게 오랫동안 울린다.

이 꽹과리에서도 손이 꽹과리의 진동을 방해했기 때문에 소리가 잘 울리지 못했던 것이다.

이번에는 실 대신 철사를 이용하여 전화를 만들어 보자.

철사는 지름 0.5밀리미터 이상의 굵은 것을 사용하는 것이 좋다.

철사전화를 만들려면 깡통 밑바닥을 못으로 대고 망치

질을 해서 구멍을 뚫는다. 그리고 그 구멍 속으로 철사를 끼워 넣고, 철사 끝을 여러 번 굽혀서 깡통 밑바닥으로부터 빠져나가지 않도록 한다.

이 철사전화는 실전화와는 달리 철사를 구불구불하게 해도 잘 들리게 된다. 그 이유는 나일론으로 된 실이 1초 동안에 2,600미터의 속도를 가진데 비해 쇠는 약 6,000미터라는 속도를 가짐으로 나일론보다 거의 3배나 빠르기 때문이다.

그러므로 철사가 구불구불해도 소리의 변화는 그다지 차이가 없는 것이다.

그러나 손가락을 철사에 닿게 하면 소리는 잘 들리지 않게 된다.

여기에서도 역시 손가락이 철사의 진동을 방해했기 때문이다.

만일 장난감 전화에 썼던 것과 같은 실이 2미터쯤 남아 있다면 숟가락으로 종을 만들 수도 있다.

이 종은 아주 특별해서 다른 사람에게는 들리지 않고 여러분의 귀에만 가만히 울리는 종이다.

여러분만 종소리를 들으려면 일단 종을 만들어 보도록 하자.

실을 반으로 접어서 숟가락의 한 부분에 꼭 묶어 놓고서 실의 양끝을 양쪽 귀에 대고 손가락으로 눌러본다. 그리고는 숟가락이 자유롭게 흔들리도록 몸을 약간 구부리고 금속판이나 유리 탁자 등에 탁 하고 부딪혀 보자. 그러면 마치 종같은 소리가 "쨍그랑 쨍그랑"하고 울려올 것이다.

이 소리는 숟가락이 부딪힌 충격으로 진동하고, 그 진동이 실을 타고 여러분의 귀에 직접 들려오는 것이다.

이 종소리를 듣기 위해서는 알루미늄이나 플라스틱으로 된 숟가락으로는 안 된다. 좀 더 무거운 스테인레스 숟가락(보통 가정에서 사용하는 숟가락)으로 된 것이라야 소리가 잘 난다.

부딪치는 물건에 따라 소리도 다르다는 것을 생각하고 플라스틱이나 나무에서는 어떤 소리가 울리는지 실험해 보도록 하자.

여기에서 이렇게 만들어 보았던 실전화나 종소리를 들려주는 숟가락은 모두 진동에 의한 것이다. 언뜻 보기에는 이해가 되지 않기도 하지만, 진동이란 것은 눈으로 확인할 수 있을 만큼 큰 것도 있지만, 여기에서의 진동들은 하나같이 그 진동의 크기가 작아서 눈으로 확인할 수 없는 것들이었다.

그러나 눈에 보이지 않는 진동들이지만 우리들의 이야기나 웃음소리를 전해 주는 주인공들이 또한 눈에 보이지 않는 작은 진동에 의해서이다.

메가폰

오늘날에는 스포츠 경기라든가 영화 촬영 등에서 이야기를 전할 경우 소리를 확대시켜 주는 기구로써 전기식 메가폰을 사용한다.

또한 학교에서 소풍을 간다거나 운동회를 할 때면, 메가폰을 입에 대고 외치는 경우도 볼 수 있다.

그와 같은 전기식 메가폰이 없었을 무렵에는 보통의 메가폰을 사용하여 자기의 생각을 밝혔다.

진기식 메가폰이 없을 때의 보통 메가폰은 두 손을 모

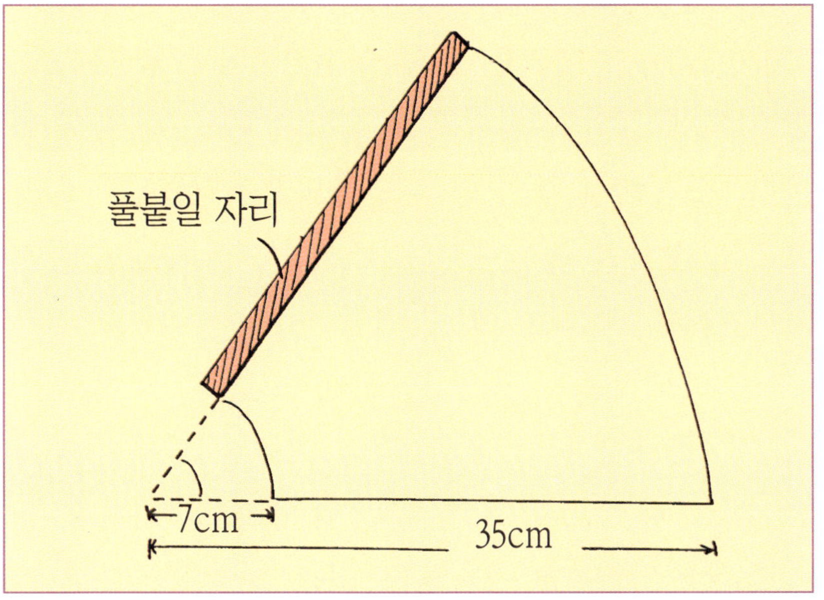

아서 말소리를 크게 하거나 종이를 말아쥐고 말하는 것이 고작이었다. 오늘날에도 전기식 메가폰이 없을 경우에는 이런 방법을 이용하기도 한다.

그러나 전기식 메가폰이 아니더라도 여러분의 멋진 목소리를 크게 확대해주는 기구를 만들 수는 있다. 이름하여 종이 메가폰.

도화지를 가지고 와서 그 가장자리를 따라 똑바른 직선으로 길이 35센티미터를 긋는다. 그리고 직선의 한쪽 끝에 콤파스의 바늘을 세우고 반지름 7센티미터와 35센티미터가 되는 원호를 그린다. 그 다음 분도기와 삼각자를 이용하여 60도의 각을 구하여 부채꼴을 만든다.

그림이 모두 완성되면 굵은 실선을 따라 오려내고, 풀칠할 자리에 풀이나 접착제를 칠하여 붙인다. 풀이 마를 때까지, 풀칠해서 붙인 부분을 바닥으로 향하게 하고 압핀으로 고정시켜 놓는다면 풀이 마른 뒤라도 쉽게 떨어지지는 않을 것이다.

자, 이제 메가폰을 들고 입에 대어 보자. 여러분의 목소리는 놀랄만큼 커질 것이다.

사람들은 메가폰이 소리를 크게 해주는 역할을 하는 것은 잘 알고 있지만, 그 소리가 왜 커지는지는 잘 모르고 있다.

아마 여러분들은 메가폰이 소리를 사방으로 흩어지지 않고 모아주기 때문에 소리가 크게 들린다고 생각할 것이다.

그러나 그것만으로는 답이 부족하다. 실제로 메가폰은 메가폰의 넓은 쪽에서만 크게 들리는 것이 아니라 옆쪽이나 뒤쪽에서도 크게 잘 들린다.

그 이유는 소리가 공기의 진동에 의해서 일어나기 때문이다.

우리의 주위에는 공기가 가득 차 있다. 그 많은 공기를 한번에 뒤흔드는(진동) 것은 작은 목소리를 가진 사람으로써는 무리이다. 하지만 입에 메가폰을 대고 자기 입 주위에 있는 공기만이라도 진동시키면 메가폰에 속해 있는 공기는 앞쪽이 점점 더 넓게 퍼져 있으므로 소리의 흐름이 더 크게 퍼져 나간다. 그러므로 메가폰의 끄트머리까지 도달하면 출구에서는 놀랄 정도의 큰 소리가 되는 것이다.

어떤 소리가 날까

실을 팽팽하게 당겨놓고 손가락으로 튕기면 작게 울리는 소리가 난다.

실만으로는 그리 큰 소리가 나지 않으므로 빈깡통으로 하아프를 만들어 소리가 잘 나도록 해보자.

과일 통조림이 들어 있는 큰 깡통을 구하여, 한쪽의 뚜껑을 베어버리고 다른 쪽의 뚜껑에 못으로 구멍을 뚫는다.

구멍을 뚫은 밑바닥을 아래로 향하게 하곤 50센티미터 정도가 되는 대나무를 통 바깥쪽에 묶어 놓는다. 그리고 낚싯줄과 같이 질긴 줄에 2센티미터의 정도로 잘라진 나무젓가락을 묶어 놓는다. 이어서 깡통 밑의 작은 못구

멍으로 낚싯줄을 통과시킨 뒤, 줄이 팽팽해지도록 대나무를 굽힌 다음 끝 쪽에 매놓는다.

깡통하프가 다 완성되면 한번 튕겨보자. 하프는 '띠용' 소리를 내면서 진동을 할 것이다.

대나무에 줄을 느슨하게 맸다면 소리는 약간 둔한 소리를 내지만, 아주 팽팽하게 매면 맑은 소리가 울리게 된다.

줄의 팽팽한 정도를 달리해서 여러 가지 소리를 들어보자.

이번에는 우리 주위에서 흔히 볼 수 있는 빈 병을 이용

3) 나무 젓가락 조각을
구멍으로 통과 시킨다

4) 통과시킨 줄을
팽팽하게 대나무에 묶는다

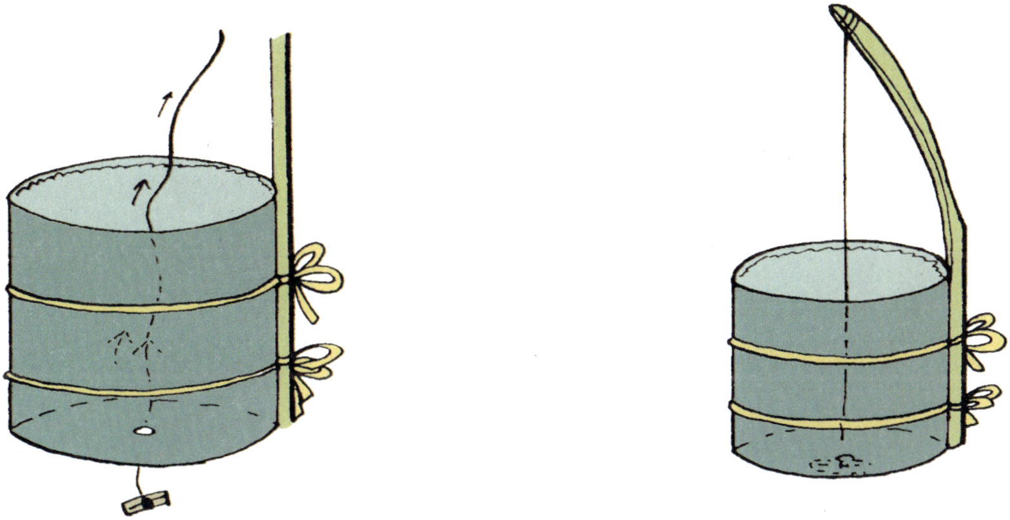

하여 뱃고동 소리를 내어 보자.

병의 입구에 입을 대고서 불면 '붕' 하는 소리가 나게 된다.

이 소리는 병 속의 공기가 진동하기 때문에 소리가 나는 것이다. 그렇다면 병 속에 물을 넣으면 어떤 소리가 나겠는가?

병 속에는 물을 많이 넣을수록 병 속의 공기가 빨리 진동하게 되므로 높은 소리가 나게 된다.

이번에는 일곱 개의 병을 준비하여 그림과 같이 병에 물을 다르게 채운다. 그리고 병 속에 작게 자른 대나무

〈병을 응용한 실로폰〉

〈컵 실로폰〉

살을 끼우고, 병을 매달아 놓는다.

매단 병들을 두드려보면, 물이 많은 병은 더 높은 소리를 내고, 물이 적게 들어 있는 병은 낮은 소리를 낸다.

물이 들어 있는 병을 '병의 실로폰'이라고 이름 붙여 놓고 음악을 연주해보자.

아주 어려운 곡이 아니라면, 실로폰은 연주하듯, 아주 멋진 음악이 나올 것이다.

소음이란

세상에는 온갖 여러 가지 소리가 다 있다.

누군가가 옆에서 꾀꼬리 같은 목소리로 노래를 부르는 소리, 오케스트라가 연주하는 음악 소리, 바람이 속삭이는 소리, 고양이 목에 걸린 방울 소리 등.

이러한 소리들은 우리가 듣기에 무척 좋고 아름답기까지 하다.

우리는 소리가 음파로써 조화있게 떨리는 진동이라는 것을 알고 있다. 우리들이 듣는 소리들(보통 듣기 좋은 소리들)은 이러한 음파들이 규칙적 흐름을 가지고 있기 때문이다.

그러나 우리들의 생활에 불편을 주고 불쾌감을 주는 소리는 대부분 그 음파의 흐름이 뾰족하고 길이가 같지 않은 불규칙적인 흐름을 가지고 있다.

너무 크거나 또는 길게 이어지는 불쾌한 소리들은 모두 그 흐름이 불규칙적인 것으로 이러한 소리를 소음이라고 한다. 즉 자동차의 브레이크가 '끼익' 하고 내는 소리, 제트기의 출발 소리 또는 폭발하는 폭음 소리 등을 우리는 소음으로 느낀다.

그러나 소음이라는 것은 범위가 정확하지 않다.

왜냐 하면 개인의 기분, 감정에 따라 소리에 대한 느낌이 다르고, 이해 관계가 복잡하기 때문이다.

예를 들어 젊은 청소년들은 팝송을 좋아하는데 어른들은 흘러간 음악만 좋아하고 팝송을 시끄러운 음악이라고 생각한다.

또 어떤 경우, 방에서 전화를 하는데 옆에서 노래를 부른다면, 평소에는 듣기 좋은 노래라 해도 전화 통화에 집중이 안 되므로 소음으로 느껴질 것이다.

이렇게 생활과 느낌에 따라 다른 소리이지만, 보통 소음이라고 할 때는 인간의 생활에 불필요한 음으로 여러 가지 장해를 일으키는 것을 가리켜 말한다.

소음으로 우리 생활에 불편을 겪는 것은 무엇이 있을까?

가장 가까운 것으로는 대화나 전화를 방해하는 것, 집중이 안 되어서 공부에 지장을 주는 것, 시끄러워서 잠을 제대로 잘 수 없는 것 등이 있다.

그러나 이런 정도는 약한 것이다.

소음이 공해로 등장하면서 주는 피해는 생각보다 크고 무섭다.

눈에 보이지도 않는 소음이 과연 어떤 피해를 주는지 알아보자.

무서운 소음

강력한 소음 속에서 오랫동안 생활할 경우 영구적인 청력 손실을 입게 된다는 사실은 1765년 이래 계속 밝혀지고 있다.

소음은 귀의 기능을 약화시킬 뿐만 아니라 고혈압, 위궤양, 혈관 질환으로 인한 사망, 뇌일혈, 면역 반응 저하 등의 영향을 끼친다.

원숭이 등의 동물을 실험한 결과, 소음에 시달리게 되면 혈압이 올라가는 것으로 나타났다. 그리고 한 번 올라간 혈압은 소음 자극을 멈추어도 내려가지 않는 것이

확인되었다.

이것은 최근에 미국 마이애미 대학의 피터슨 박사팀의 연구에 의해 밝혀진 사실이다.

독일에서 발표된 연구 결과에 의하면 소음과 혈압의 관계를 보여 주는 증거를 가지고 있다.

독일 암스테르담의 스키폴 국제 공항에 새 활주로가 개통된 6년 뒤의 통계에서는 공항 주변 주택지에서는 혈압약의 판매량이 2배나 증가했다고 한다.

또한 폴란드에서는 85~115데시벨의 공장 소음을 늘 들으면서 생활한 사람은 고혈압과 위궤양 발병이 눈에 띄게 증가되었다고 발표했다.

미국 로스엔젤레스 공항 부근의 주민 20만 명 가운데 혈관장애로 인한 사망, 뇌일혈, 자살, 살인 발생률이 다른 지역보다 훨씬 높다고 한다. 그리고 소음이 인체의 면역성을 떨어뜨려 질병에 대한 저항력을 약화시킨다는 연구 결과도 나왔다.

그런가 하면 소음과 학습 능력과의 관계를 연구한 자료도 있다. 역시 미국에서 나온 연구 결과인데, 공동주택을 조사해 본 바 소음이 심한 아래층에 사는 어린이들이 고층에 사는 어린이들보다 독서력이 떨어진다는 보고였다.

지금까지는 외국의 연구 결과를 예로 들었다.

그러나 우리 나라의 경우를 예로 들지 않았다고 해서, 우리 나라가 소음 공해의 안전지대라는 것은 결코 아니다. 환경처의 자료를 보면, 우리 나라의 소음 공해도 날로 심각해진다는 것을 알 수 있다.

환경처의 자료에 따르면 주거 지역의 경우 환경 기준치는 낮이 55데시벨이고 밤이 45데시벨이다. 그러나 전국 주요 도시의 경우 대부분이 이 기준치를 웃도는 소음 공해에 시달리고 있는 것으로 나타났다.

1989년의 통계를 보자, 앞의 숫자는 낮의 소음도이고 뒤의 숫자는 밤의 소음도이다.

서울(62, 53), 부산(60, 50), 광주(64, 59), 대구(55, 46), 대전(58, 53)

이것은 통계이므로 사실상의 소음은 더 크다. 특히 상업 지역과 준공업 지역의 대부분은 이보다 소음이 더 크다.

소음 공해의 주범은 크게 자동차, 비행기, 공장과 기타 주택지에서의 소음으로 밝혀졌다.

실제로 큰길가에 자리잡은 학교나 공항의 활주로 부근에 있는 학교의 학생들은 더운 여름에도 창문을 열어 놓지 못하고 있다. 극심한 소음 때문에, 심한 경우 선생님의 말씀이 들리지 않기 때문이다.

1989년 6월, 서울시 교육위원회가 조사한 바에 따르면 서울 시내 1,000여 곳의 초등학교, 중학교, 고등학교 가운데 90여 개의 학교가 환경기준치인 50데시벨을 넘는 소음 공해에 시달리고 있는 것으로 나타났다.

그런가 하면 유원지나 공원에 가까운 주택지, 활주로 주변의 주택지, 공장 지대의 주택지, 기차나 지하철이 다니거나 지나는 곳의 주택지, 시외 버스 정류장이나 버스 정류장 주변의 주택지, 시장 주변의 주택지 등은 극심한 소음 공해로 시달리고 있다.

그리고 무엇보다도 귀로 소리를 평가하지 못하는 것은 사람의 기분, 상황에 따라 소리에 관한 느낌이 다르기 때문이다.

따라서 귀로 소리를 정확하게 평가하는 것은 사실 불가능한 일이다. 그러므로 규격을 정해 근사적으로 계기에 의해 지시하도록 하는데 그것이 바로 소음계이다.

소음을 측정하는 기계는 주로 전류로 측정하는 것과, 기세 안에 있는 본래의 소리를 외부의 소리와 비교해서 측정하는 것이 있다.

소음을 측정하는 장소는, 그 지역의 소음을 대표한다고 생각되는 지점 또는 문제 발생이 자주 있는 곳을 택한다.

도로에 가까운 지역에 대해서는 원칙적으로 도로를 향

해서, 그리고 주택지, 병원, 학교의 소음을 측정할 때는 그 건물로부터 1미터 떨어진 자리에서 도로를 향해 측정한다.

측정 시각은 그 지점의 소음을 대표한다고 생각되는

시각이나 소음에 관계되는 문제가 발생하기 쉬운 시각을 택한다.

이러한 경우 주로 도로 교통 소음의 영향을 받는 지역에 대해서는 그 측정 횟수를 아침저녁으로 각 1회 이상, 낮과 밤으로 각 2회 이상 행해야 한다.

특히 깨어나는 시각과 깊이 잠든 시각에 주목하여 측정해야 한다.

소음 공해의 크기는 보통 데시벨(db)로 표시한다.

데시벨이란 단위는 전화를 발명한 벨을 기리는 의미에서 붙여졌다.

우리 몸에 영향을 주는 소음은 보통 자율 신경(신경에는 뇌척추 신경계에는 관계없이 자율적으로 작용하는 신경이 있다. 이러한 신경은 위장, 혈관, 심장, 방광, 내분비선 등을 지배한다.) 및 내분비계에 관한 것이다.

보통 우리들이 친구들과 이야기하는 소리는 40데시벨이다. 그리고 우리의 신경에 자극을 주어서 생활에 지장이 생기는 소음은 80데시벨이다.

예를 들어 60데시벨의 소음에 10분간 노출된 사람은 위의 수축 횟수가 10퍼센트 정도만 감소되지만, 10데시벨에 노출된 사람의 경우 거의 37퍼센트 감소하는데,

위의 수축 강도는 보통 때보다 약해진다.

그러므로 소음이 심한 곳에서 작업하는 근로자는 귀가 잘 들리지 않는 난청 현상이 발생하기도 하고, 소화불량에 걸린 사름들도 많다.

외국에서는 사람들이 많이 모여 있는 주택가나 시내에서는 자동차의 경적음이 거의 없다고 한다. 그런데 우리나라의 경우는 횡단보도를 조금만 늦게 건너거나 앞차가 조금이라도 늦게 출발하면 여기저기서 큰 소리로 경적이 울린다.

우리가 몸이 아프면 병원에 가는 것은 아주 당연한 일이다. 그러나 병이 나지 않도록 건강에 힘쓰면 아프지도 않고 병원에도 가지 않으니 무척 좋은 일이다.

소음 공해도 이와 마찬가지이다.

서로 노력해서 소음을 내지 않도록 노력하는 것이야말로 가장 중요하고, 소음이 심한 곳이라면 방음벽을 설치한다거나 전철을 지하로 통과하도록 하는 방법을 택해야 한다.

신기한 통신의 세계

2010. 3. 20 인쇄
2010. 3. 25 발행

엮은이 대한과학진흥회
펴낸이 신 주 황
펴낸곳 스완미디어
등록 제2-4534호
주소 서울 · 중구 만리동1가 12-33 태영빌딩
대표전화 02) 393-0026
팩스 02) 312-8349

ISBN 978-89-92565-09-7

값 8,500원
※ 잘못 만들어진 책은 구입하신 곳에서 바꾸어 드립니다